Catherine Rambert

RÉUSSIR SANS SORTIR DE SA ZONE DE CONFORT

Une stratégie inédite pour progresser
et atteindre à coup sûr tes objectifs

FIRST
ÉDITIONS

Catherine Rambert a publié plus d'une vingtaine de livres, d'enquêtes et de romans, parmi lesquels...

Jeux dangereux à l'Elysée, Éditions First, 2014
Madame DSK (co-écrit avec Renaud Revel), Éditions First, 2011
Johnny, les cent jours où tout a basculé (co-écrit avec Renaud Revel), Éditions First, 2010
Si je pouvais revivre ma vie, Éditions First, 2005
Le Livre de la sérénité, Éditions n° 1, 1999

Dans la collection Petite philosophie :
Petite philosophie de la méditation, Éditions First, 2014
Petite philosophie pour grandir, Éditions First, 2014
Petite philosophie du bien-être, Éditions First, 2013
Petite philosophie de la gentillesse, Éditions First, 2013
Petite philosophie de l'amour, Éditions First, 2013
Petite philosophie du bonheur, Éditions First, 2013
Petite philosophie pour surmonter les crises, Éditions n° 1, 2009
Petite philosophie pour ceux qui veulent atteindre le sommet de la montagne, Éditions n° 1, 2006
Petite philosophie de la paix intérieure, Éditions n° 1, 2004
Petite philosophie du soir, Éditions n° 1, 2002
Petite philosophie du matin, Éditions n° 1, 2001

ISBN : 978-2-412-08938-5
Dépôt légal : octobre 2024
Imprimé en France par Laballery - 408286

Directrice éditoriale : Marie-Anne Jost-Kotik
Responsable éditoriale : Aline Sibony
Correction : Des Mots passants et La Machine à mots
Mise en pages : Stéphane Angot

Éditions First, un département d'Édi8
92, avenue de France
75013 Paris – France
01 44 16 09 00
firstinfo@efirst.com
editionsfirst.fr

À Véronique,
évidemment !

À la mémoire de René Guitton,
qui fut mon premier éditeur
et mon ami.

À ma mère et à mon père.

Sommaire

Introduction

Le livre que tu as entre les mains est révolutionnaire.
Garde-le précieusement et relis-le autant de fois que possible, car il va changer ta vie.
Il est révolutionnaire, car il va à l'encontre de tout ce que tu as lu et entendu jusqu'à présent sur la réussite, l'accomplissement et la possibilité de réaliser tes rêves.
Par son approche inédite, il met en pièces une imposture ou plutôt une posture couramment véhiculée selon laquelle pour réussir, il faut « sortir de sa zone de confort ».

Le plus amusant est que ceux qui affirment cela ne sont probablement jamais sortis, eux, de leur zone de confort. Des conseilleurs en pantoufles, souvent des « coachs » formatés dans le même moule, qui, pour gagner de l'argent ou faire le buzz avec leurs vidéos Instagram ou TikTok, soufflent sur les braises de ce qu'ils nomment nos frustrations – et que je préfère personnellement appeler désirs, envies, objectifs... – pour nous inciter à prendre des risques insensés.
« Sortez de votre zone de confort ! »
« Sortez de votre zone de confort ! » répètent-ils comme des perroquets.

Ne les écoute surtout pas ! Ce sont des pousse-au-crime qui t'invitent à te jeter dans le vide, mais qui ne seront pas là pour te tendre la main et t'aider à te relever si l'aventure ne tournait pas comme prévu, tout occupés qu'ils seront à répéter à d'autres naïfs : « Sortez de votre zone de confort ! Sortez de votre zone de confort ! »

C'est une magnifique expression, « sortir de sa zone de confort ». Un bijou de rhétorique suffisamment élaboré pour nous faire culpabiliser d'y demeurer (sous-entendu, vous êtes des feignants, des peureux) et suffisamment pervers pour nous laisser croire que notre épanouissement est ailleurs (loin de nos habitudes, de notre espace de sécurité, de confiance, et qu'il ne tient qu'à nous de nous donner un coup de pied aux fesses).

Bref, « sortir de sa zone de confort » serait l'alpha et l'oméga du succès.
La réussite ? Pas pour toi tant que tu resteras dans ta zone de confort !
La routine ? Un piège de vieilles habitudes paralysantes dans lequel tu t'englues et c'est bien fait pour toi !
Voilà ce que l'on nous assène et que nous finissons par croire, résignés et penauds.
Il y aurait donc deux camps : les audacieux qui volent de succès en succès, portés par le souffle de lumière qu'ils ont trouvé hors de leur zone de confort et les routiniers condamnés à pousser les wagonnets au fond de la mine parce qu'ils n'ont pas eu l'audace d'en sortir.
Un peu simpliste, non ?
Et pour reprendre une expression chère aux coachs, une belle, une énorme croyance limitante.

Tout cela est faux, archifaux !

Tout d'abord, cette routine tant fustigée est avant tout un élément structurant de notre vie : elle nous équilibre, nous rassure, nous régule, nous canalise et nous apporte de la confiance dans notre cadre et notre environnement. Elle est vitale pour notre stabilité psychique. D'ailleurs, il est paradoxal que ces mêmes gourous du coaching, tout en nous intimant l'ordre de sortir de notre « zone de confort », nous vantent avec

la même conviction les bénéfices des « routines » à mettre en place pour atteindre nos objectifs. Faudrait savoir !
Donc, en résumé, non à la routine et oui aux routines ? Que celle ou celui qui comprend quelque chose lève la main.

Et pour en finir avec cette fable selon laquelle l'herbe serait plus verte hors de notre zone de confort, sache que, la plupart du temps, on ne te raconte que les belles histoires avec quelques succès flamboyants (toujours les mêmes) qui masquent une réalité moins glorieuse : un back-office rempli de grands blessés, qui se sont fracassés en tombant de haut. De braves gens qui sont sortis de leur zone de confort, persuadés que la fortune et le bonheur s'y trouvaient, qui ont pris des risques insensés et ont tout perdu. Ceux-là, crois-moi, ils donneraient cher pour y revenir, dans leur zone de confort.
Et on les comprend.
Bref, la publicité est mensongère.

Il est donc temps de balayer ces clichés fallacieux pour rétablir quelques vérités de bon sens !

La première bonne nouvelle est la plus réconfortante : tu peux atteindre tes buts, réaliser tes projets, t'épanouir et réussir **sans sortir de ta zone de confort**.

Pour une raison simple : notre **zone de confort** est avant tout notre **zone de confiance** et notre zone de compétences. Elle est l'espace dans lequel nous nous sentons en sécurité parce que nous le connaissons. Nous en extraire, c'est être projetés dans l'inconnu, dans un monde dont nous ne maîtrisons ni les repères ni les codes. C'est mettre en danger notre vie, notre famille, nos revenus... sans garantie de retour sur investissement, pour utiliser une expression chère aux financiers. C'est placer un néophyte aux commandes d'un avion de ligne en lui disant : « Vas-y, tu peux le faire ! » Ridicule, n'est-ce pas ? Personnellement, dans cet avion, moi, je n'y monte pas !

La définition que les neurosciences donnent de la zone de confort permet de valider cette affirmation : « La zone de confort est cet état psychologique dans lequel on est à l'aise. Elle regroupe l'ensemble des habitudes, croyances, connaissances et savoir-faire préalablement acquis qu'elle permet de consolider, et développe ainsi la confiance en soi. »

Imaginez une maison : sortir de sa zone de confort reviendrait à en saper les fondations, sous prétexte qu'on en désire une plus grande. Absurde, évidemment. N'est-ce pas au contraire en embellissant sa maison, en y effectuant des travaux, en la décorant, que l'on peut espérer s'y épanouir ou éventuellement la revendre plus cher pour en acquérir une plus grande ?

De mon expérience de coach et surtout de mes nombreuses rencontres avec les lecteurs de mes livres de la collection « Petite philosophie... »[1] (traduits en plusieurs langues), qui proposent des changements pas à pas, jour après jour, j'ai tiré une conviction : c'est en restant à l'intérieur de notre zone de confort, dans un univers que nous maîtrisons, dont nous connaissons le potentiel et les limites que nous pouvons évoluer sereinement, progresser, développer nos capacités, élargir notre horizon, avancer sans stress inutile, sans mise en danger, sans prendre de risques démesurés.

Je pose donc dès le début de ce livre ce postulat intangible : ta zone de confort est le lieu de tous les possibles. En sortir est le lieu de tous les dangers.

---

1. *Petite philosophie du matin, Petite philosophie du soir, Petite philosophie de la paix intérieure...*

Ce postulat est tellement logique que je me demande comment il est possible – sauf à être fou – d'affirmer le contraire.

D'ailleurs, la plupart des gens ne sont pas stupides : s'ils sont si nombreux à rester dans leur zone de confort, ce n'est ni par paresse ni par manque d'ambition ou de courage, c'est tout simplement qu'ils subodorent qu'ils ont tout à perdre à en sortir. Ils ont décidé de faire confiance à leur bon sens et à leur intuition qui leur recommandent la prudence.
Ils ont raison, cette injonction : « Sortez de votre zone de confort ! » est en réalité extrêmement violente. Elle est dangereuse pour ceux qui en sortent (car ils prennent des risques insensés) et traumatisante pour ceux qui y restent (car, en les culpabilisant, elle abîme leur estime personnelle). Beaucoup de perdants et peu de gagnants donc.
Et je suis toujours sidérée que des coachs censés pratiquer la communication non violente emploient cette expression à tort et à travers.

À ce stade, il me semble utile de rappeler un célèbre adage : « La prudence est mère de toutes les vertus. »
Et aussi de poser une devinette amusante :
Connais-tu la différence entre un homme sage et un homme intelligent ?
Eh bien, l'homme intelligent a la capacité de résoudre un problème que l'homme sage a su éviter.

Les pièges de la vie sont suffisamment nombreux, n'est-ce pas ? Alors, autant éviter de les fabriquer nous-même. C'est précisément ce que va t'enseigner ce livre !

Dans mes séances de coaching, je demande systématiquement à ceux qui me viennent me voir avec le désir de changer, de progresser, d'atteindre un objectif, ce qu'ils pensent de cette expression « sortir de sa zone de confort » (en coaching une des règles d'or est de toujours poser des questions ouvertes). La réponse qui revient le plus souvent est : « Ça me fait peur. » En général, cette réponse s'accompagne de signaux paraverbaux et non verbaux (respiration plus saccadée, voix moins assurée, grimaces…) qui trahissent de l'anxiété. Ces signaux sont parfois plus éloquents qu'un discours, que les messages verbaux.

Tous mes coachings et tous mes livres sont basés sur ce postulat : ce n'est pas en se mettant en danger que l'on progresse, c'est en renforçant ses acquis, ses compétences, et en ouvrant le spectre de ses possibilités.
Voici ma philosophie : ne sors pas de ta zone de confort, mais repousses-en les limites pour atteindre tes objectifs. Déploie-toi et « déplie-toi » dans ta zone de confort.
Élargir sa zone de confort est à la portée de tous. C'est ce que ne cessent de faire les petits enfants qui découvrent, apprennent et progressent pas à pas dans leur jeune existence. Ils tombent, se cognent, pleurent, mais leurs parents sont toujours là pour les rassurer et les conforter. C'est exactement le rôle que cet ouvrage va jouer pour toi.

Bienvenue dans ce livre et dans cette méthode d'accomplissement personnel efficace et non violente qui va te permettre chaque jour d'avancer sans mise en danger inutile.
Tu vas rester dans ta zone de confort et y accomplir des choses fabuleuses.
Tu vas combler jour après jour l'espace entre ce que tu as et ce que tu veux au plus profond de toi.
Tu iras de ton état présent vers ton état désiré avec enthousiasme et confiance !

J'ai écrit ce livre volontairement très simplement, si simplement qu'il peut être mis en pratique par tous.

Progresser et réussir va te paraître si facile que tu te demanderas ensuite pourquoi tu n'as pas commencé plus tôt.

Il est court, construit en chapitres ramassés, simples, accessibles, sans prise de tête et avec des stratégies faciles à mettre en application et surtout redoutablement efficaces.
Elles sont tellement réjouissantes et exaltantes, tellement logiques et sécurisantes, tellement lumineuses et ludiques, que tu vas adorer les mettre en pratique. Elles seront tes guides pour progresser et – si tu les appliques – pour réussir, te dépasser et vivre la vie en accord avec tes aspirations profondes.

Ce livre est basé aussi sur mes nombreuses recherches sur la zone de confort, les neurosciences, la psychologue humaine, la psychologie du succès. Je me suis plongée dans de nombreuses études, de multiples ouvrages sur le sujet, et c'est après avoir acquis la conviction qu'il y a une autre approche, plus puissante, plus efficace, plus déterminante pour s'accomplir, se dépasser, réussir, être fier de soi, que j'ai décidé de commencer à l'écrire.

Écrire un livre, c'est beaucoup de travail, énormément de journées passées devant son bureau et son ordinateur, de nuits courtes, d'heures de réflexion... Je ne me serais pas lancée dans cette aventure et ce travail fastidieux si je n'avais pas eu l'intime conviction que j'avais quelque chose de fondamental et de nouveau à apporter.
Ceux qui me connaissent et m'ont déjà lue savent que j'ai déjà publié une vingtaine de livres, dont certains ont été des best-sellers traduits dans plusieurs pays. Ces livres continuent chaque année à générer des droits d'auteur. Je n'avais donc pas spécialement besoin de recommencer. Mais il fallait que je l'écrive, car j'ai la conviction qu'il apporte quelque chose d'inédit !

Ce n'est ni de la prétention ni de la vanité mal placée. Simplement, lorsque l'on croit vraiment en quelque chose, on est animé d'une envie profonde de le faire connaître, de le diffuser, pour en faire profiter un maximum de gens. C'est tout simple !

Ce livre va t'offrir le plus fabuleux des cadeaux : le premier est l'assurance sereine que tu pourras atteindre ton but et vivre ta vie (pas celle que d'autres ont décidée pour toi) en toute liberté ! Sa lecture va t'apporter un plaisir et une jubilation que tu ne soupçonnes pas. Avec un sentiment de progresser que tu n'avais sans doute jamais ressenti jusqu'à présent.
Il va te parler et il va résonner en toi.

Comme on ne change pas les techniques qui ont fait leurs preuves, je t'invite comme dans mes *Petite philosophie*... à ne pas te précipiter, à avancer pas à pas, jour après jour. Les petits pas nous amènent vers de grands changements. Les Japonais appellent cela le *kaizen* (un processus de changement doux, continu et en profondeur). Aller trop vite, vouloir brûler les étapes par excès d'enthousiasme est voué à l'échec. Immanquablement, on s'essouffle, on se décourage et on abandonne. La précipitation nous met inutilement en danger et nous envoie malgré nous hors de notre zone de confort. Retiens cette première règle d'or : quand on veut réussir, il faut procéder pas à pas et avec méthode !

Or, je te le rappelle, la puissance ce livre réside justement dans la garantie du succès qu'il te promet sans sortir de ta zone de confort.

Le secret est d'être constant. C'est dans le *step by step* (pas à pas), comme disent les Anglais, appelé aussi « stratégie des petits pas », que l'on trouve nos plus grandes ressources et donc

nos plus grandes satisfactions. D'ailleurs, ce livre a failli s'appeler « Chaque jour doit être un pas » (tant pis, ce sera le titre du prochain).
J'entends déjà certains se lamenter : « Mon problème, c'est que je ne suis pas constant. » Stop ! Si tu es arrivé jusqu'à ces lignes, c'est que tu as au fond de toi envie de changer. C'est que tu sais que tu peux y arriver et que tu as juste besoin de l'aide que va t'apporter cet ouvrage.

Je vais te faire une autre révélation : il est plus facile d'être constant lorsque l'on n'est pas seul, lorsqu'on est épaulé et soutenu. C'est parce que la volonté est parfois fluctuante que nous avons besoin d'une stratégie et de routines fortes pour avancer.
Alors, maintenant, tu n'as plus d'excuses ! Ose te lancer, car, avec cet ouvrage, tu n'es plus seul. Et le succès est à ta portée.

Si tu as acheté ce livre, si tu es en train de lire ces lignes, cela veut dire que tu t'es mis en marche, que tu as décidé de prendre le taureau par les cornes et de poser la première pierre de ton objectif.
Tu as ouvert ta porte intérieure (j'y reviendrai plus loin). Cette porte, nul ne pouvait décider de l'ouvrir, à part toi. Et, puisqu'elle est ouverte, maintenant le travail peut commencer !
Cette première étape était indispensable. Tout en restant dans ta zone de confort, tu as décidé d'agir et de reprendre la main sur ton destin.
Bravo, te voilà sur la route de ta réussite.

C'est ton premier succès. Félicite-toi !

Chapitre 1

Pourquoi sortir de sa zone de confort est stupide

Affirmer qu'il faut sortir de sa zone de confort pour réussir est stupide ! La zone de confort permet à notre monde de conserver son unité. Elle est la garante de notre cohérence personnelle. Loin de t'en éloigner, il faut l'utiliser comme un marchepied, pour te déployer et aller vers un objectif qui te tient à cœur. Tu vas découvrir dans ce chapitre que tu peux atteindre tous tes objectifs sans la quitter.

Il existe des dizaines de milliers de livres, d'articles sur la zone de confort, en ligne, sur le web, dans les magazines, dans les librairies... Je dois être en partie responsable de l'augmentation de leurs ventes ces derniers mois tant j'en ai acheté pour me documenter pour l'écriture de ce livre.
Des milliers d'ouvrages, donc, certains écrits par d'éminents spécialistes du développement personnel, coachs, psychologues... Tous disent à peu près la même chose : il faut sortir de sa zone de confort !

Et plus l'on se penche sur ces écrits, plus on comprend que leurs auteurs répètent en boucle ce que les uns et les autres ont écrit précédemment, au fil des années et des publications. Une sorte de spirale interminable qui se nourrit d'elle-même et grossit et grandit en s'autoalimentant indéfiniment. Nul débat, nulle contradiction, nulle réserve, nulle pondération. Un seul et unique postulat : pour réussir, TU DOIS sortir de ta zone de confort ! Ce n'est pas une invitation : c'est une obligation qui ne souffre pas de discussion !
Il existe des centaines et des milliers de livres, et tous affirment la même chose. C'est incroyable ! J'appelle cela la dictature de la pensée unique, et dans ce cas, c'est la dictature de la zone de confort.

En refermant ces livres, j'ai chaque fois eu l'impression de me retrouver au milieu d'un entre-soi où chacun conforte ce que le précédent a écrit en y ajoutant ses petites trouvailles personnelles... Un immense sentiment d'insatisfaction m'a envahie : tous ces ouvrages me semblaient en réalité être des copiés-collés les uns des autres avec quelques notions différentes à la marge. Bref, beaucoup de livres, beaucoup de papier, beaucoup d'arbres abattus pour des théories qui ne font pas avancer le schmilblick, comme disait – non sans mal – Coluche[2].

J'étais stupéfaite de la pauvreté répétitive de leurs arguments. Aucun ne remettait en cause ce postulat qui date pourtant du début du siècle dernier. Et Dieu sait si les méthodes de travail, les recherches sur le développement personnel, les théories sur le management, le désir d'accomplissement... ont évolué en un siècle.

2. Dans un sketch diffusé dans l'émission *Midi Ring*, le 4 juillet 1976.

Mais les principes édictés sur la zone de confort, eux, n'ont pas bougé. Comme si on les tenait pour acquis et qu'ils étaient gravés dans le marbre une bonne fois pour toutes.
Ces principes, la plupart d'entre nous les connaissent. On peut les résumer ainsi : si nous stagnons, si nous sommes insatisfaits, si nous menons une vie ennuyeuse, si nous ne progressons pas, si nous nous ennuyons… c'est parce que nous ne sommes pas sortis de notre zone de confort ! Nous végétons en sécurité dans le cocon douillet de notre zone de confort dans laquelle il ne se produit rien, alors que la vraie vie est ailleurs. On nous a tellement répété ce refrain (tel un lavage de cerveau) que l'on a fini par l'admettre et par y croire dur comme fer.

Rester dans sa zone de confort serait, selon cette vieille théorie, un obstacle à notre développement.
Comme le suggère le schéma ci-dessous, il faudrait, pour aller pour vers ton épanouissement, te mettre en danger. De quel niveau de danger et de quelle prise de risque parle-t-on ? Ce n'est pas précisé, donc soumis à toutes les interprétations. Tandis que les recherches en neurosciences ont considérablement progressé ces cinquante dernières années, ce schéma (qui date environ des années 1910) n'a pas été remis en cause. Le voici donc pour info, mais ne le mémorise pas ! Tu as, comme tu vas le découvrir plus loin, un espace de progression colossal dans ta zone de confort. Tu as des ressources, des atouts et des connaissances que tu peux activer et développer sans prise de risque pour réaliser de grandes choses et ton grand dessein.

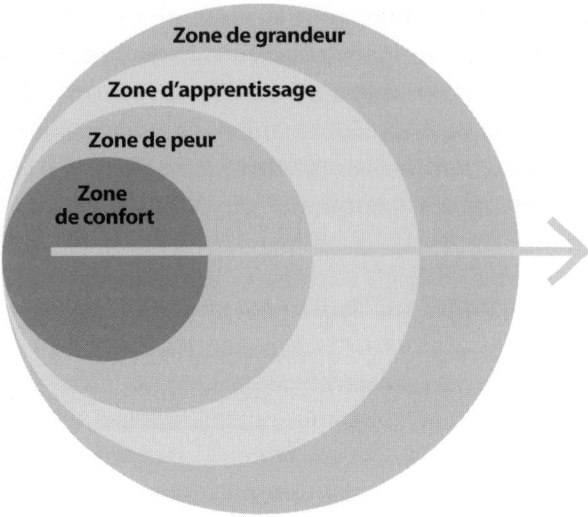

Sortir de sa zone de confort

Les exemples pour illustrer ce que je viens d'affirmer sont multiples.

Mon jeune frère, qui est pilote de ligne, éprouvait le regret, bien qu'exerçant un métier magnifique, de ne pas être musicien. Il avait fait une croix sur ce désir : il pensait que c'était trop tard, qu'il aurait dû s'y mettre plus tôt et qu'il serait probablement nul... Bref, il s'autopersuadait à coups de croyances limitantes et d'autosabotage qu'il était trop vieux (à quarante ans !!!) pour commencer. Puis, un jour, le déclic : il s'est dit qu'il n'y avait pas de fatalité, qu'il pouvait le faire. Il s'est lancé. Il a pris des cours tous les dix jours avec un professeur. Comme il voyage beaucoup et qu'il est souvent en décalage horaire, cela lui a demandé une certaine organisation. Et à force de régularité, de gammes, de lectures de partitions, de travail avec un métronome, ses progrès ont été rapides, voire fulgurants. Il joue à présent du Bach, du jazz, des musiques contemporaines... Il a atteint un niveau plus qu'honorable et est assez fier de lui. Il n'en revient pas lui-même et se demande tous les jours pourquoi il ne s'y est pas mis plus tôt. Pour réaliser cela, il n'est pas sorti de sa zone de confort, il n'a pas traversé une zone de danger. Il a simplement activé et développé ses propres ressources. Mais peut-être que mon frère est une exception ?

Prenons un autre exemple.
Il y a quelques mois, une de mes coachées, complexée par son poids, s'est mis en tête de maigrir. Elle voulait perdre environ 8 kg pour se sentir enfin mieux dans sa peau en en finir les régimes yoyos (je maigris, je reprends, je maigris, je reprends...). Elle a décidé de prendre le taureau par les cornes, a consulté un nutritionniste et, en réduisant notamment le sucre et le pain dans son alimentation, elle a perdu en trois mois, lentement mais sûrement, ces 8 kg qui l'encombraient. Comme à chaque fois que quelqu'un entre dans un cercle vertueux, ce dernier enclenche une dynamique positive : ma coachée s'est remise au sport et marche tous les jours, elle a retrouvé énergie et confiance en elle, sans traverser de zone de danger ou de peur, en prenant simplement conscience qu'elle avait toutes les capacités de le faire. Et lorsque je lui ai demandé si elle avait eu l'impression de sortir de sa zone de confort, elle m'a répondu : « A aucun moment » ! Serait-il donc possible de réaliser de grandes choses, de surmonter des obstacles et de se dépasser sans se mettre en danger ? Tu l'as compris, la réponse est oui ! Il est toujours possible de s'améliorer, de rebondir et de devenir une meilleure version de soi-même en restant dans sa zone de confort.

Et voici un dernier exemple qui me concerne, pour te prouver qu'il n'est pas nécessaire de passer par une zone de peur pour réaliser des exploits personnels.
Je suis assez sportive et je cours régulièrement, bien que la course à pied ne me passionne pas et a tendance à rapidement m'ennuyer. Toutefois, les bénéfices pour la silhouette et le mental sont tels que je m'y astreins régulièrement. Je participe parfois à des 10 km pour le fun. Puis, j'ai décidé de tenter un semi-marathon (21 km). Cela représentait pour moi un effort, car comme je l'ai écrit plus haut, courir m'ennuie rapidement. Néanmoins, j'ai décidé de relever ce « petit » challenge personnel. Je me suis entraînée plus régulièrement, plus longtemps... Bref, je te la fais courte, car tu as compris le principe : j'ai couru un semi-marathon, puis un deuxième, puis un troisième... J'en ai fait six au total ! Ce n'est pas un exploit, je ne suis toujours pas fan de course à pied, mais je suis quand même très fière de cet accomplissement, réalisé sans aucune prise de risque, simplement avec de la régularité et de la volonté.

En résumé : peut-on changer des aspects importants de sa vie et de se réaliser en restant dans sa zone de confort ?
La réponse est OUI !

Souviens-toi

Inutile de te mettre en danger ou d'avoir peur pour progresser et opérer des changements dans ta vie. Tu peux aller très haut et très loin en restant dans ta zone de confort !

En voilà une bonne nouvelle, non ?

Alors, toi qui es douillettement installé dans ta zone de confort, ne culpabilise plus. Au contraire, réjouis-toi. Tu n'es pas dans une zone de régression, mais dans une zone de possibilités.

À ce stade, une précision s'impose. Pour le plaisir de se mettre en danger et pour s'offrir une bonne dose d'adrénaline, certaines personnes sortent de leur zone de confort, prennent des risques, parfois démesurés, et se font peur... Certaines réussissent même à atteindre leurs objectifs en procédant ainsi. Tant mieux ! Mais cette méthode est risquée, aléatoire et dangereuse. Pour une seule réussite, elle camoufle son lot d'échecs. Ce cas particulier ne doit pas te faire culpabiliser d'avoir une méthode « douce » pour te dépasser.

Souviens-toi

Oui, tu peux dépasser tes limites en restant dans ta zone de confort !

Inciter les gens à sortir de leur zone de confort était peut-être pertinent le siècle dernier lorsque le monde était plus simple et plus binaire. Lorsqu'on voyageait moins et qu'on passait l'essentiel de sa vie dans son village de naissance, lorsqu'on gardait toute sa vie le même job dans la même entreprise. Lorsque l'information était moins accessible, avant l'apparition d'Internet et des multiples canaux d'information à notre disposition, lorsque le monde était moins VUCA[3].

Le monde est devenu plus violent, plus instable et plus inquiétant qu'avant. Alors, inutile de rajouter de la peur au danger.

---

3. L'acronyme VUCA désigne un environnement caractérisé par la volatilité, l'incertitude (*uncertainty* en anglais), la complexité et l'ambiguïté.

Voilà pourquoi cette notion, comme tu vas le voir dans ce chapitre, est aujourd'hui dépassée.
J'ai dit plus haut que je me fondais sur mes expériences de coaching, sur mon expertise et sur mes nombreuses recherches pour poser ce postulat. Chaque fois que j'ai demandé à des coachés ce qu'ils pensaient de l'idée de sortir de cette fameuse zone de confort, y compris à des personnes très désireuses de progresser et plutôt extrêmement disposées à se remettre en cause et à réviser en profondeur leurs process bloquants, cette idée a généré chez eux la plupart du temps un malaise.
Elle induit, selon eux, un risque qu'ils ont du mal à mesurer et dont ils ont du mal à estimer les répercussions sur leur vie.

Il y a en outre une notion culpabilisante induite par cette expression « zone de confort » : elle sous-entend que la zone de confort serait un espace de paresse dans lequel nous nous laisserions vivre, où nous ne progresserions pas. Pire ! Nous y régresserions… Or, rien n'est moins faux.

Pourquoi demander à quelqu'un qui a peur du vide de sauter en parachute alors que la réalisation de cette supposée performance ne l'aidera en rien à progresser dans ses objectifs ? À titre personnel, je déteste le froid, la très haute montagne et les conditions extrêmes (je ne pourrais pas faire ce que fait Sylvain Tesson, par exemple). Je détesterais qu'on m'y envoie, supposément pour m'aider à développer mes compétences. Je passerais mon temps à avoir froid, à avoir peur, à me maudire de me retrouver dans une telle situation, de laquelle je ne tirerais aucun plaisir, aucune croissance personnelle, encore moins de satisfaction. Je ne songerais qu'à l'abréger. Je ne vois pas comment me mettre en danger dans une telle situation m'aiderait à écrire un livre meilleur, ce que je m'efforce à faire actuellement en rédigeant ces lignes.

Je suis d'ailleurs dans ma zone de confort en travaillant à ce livre. Dans mon espace de confiance et de bien-être. Je me lève tous les matins à 5 h 30, je m'installe à mon bureau avec un thermos de café à mes côtés. Avant de démarrer ma séance d'écriture, j'ai effectué des assouplissements, du gainage et quelques abdos, notamment pour ne pas souffrir du dos pendant mes longues séances assise devant mon ordinateur. Certes, l'écriture est un travail long et fastidieux. Il me demande beaucoup d'efforts et de concentration, mais je reste quand même dans ma zone de confort. Faire des efforts, ce n'est pas sortir de sa zone de confort. C'est au contraire la renforcer et l'élargir ; nous y reviendrons. Et je la renforce en développant mes compétences et mes connaissances sur le sujet, avec l'ambition de les transmettre à d'autres.

Un peu d'histoire

Yerkes et Dodson, les inventeurs du concept de zone de confort, ont posé au début du XXe siècle les bases du concept de « zone de confort » : un état neutre, de sécurité dans un environnement que l'on maîtrise et dans lequel on ressent un bien-être et un certain contentement. L'émotion associée au contentement est la joie.

C'est donc un état dans le lequel nous sommes globalement heureux. Les deux chercheurs ont ensuite démontré qu'un niveau de stress raisonnable peut servir d'activateur de performance chez un individu. Ce qui est vrai. Nous atteignons régulièrement des niveaux de stress modéré dans notre zone de confort. On peut favoriser sa croissance personnelle, renforcer sa confiance en soi, stimuler sa créativité et ouvrir de nouvelles perspectives depuis sa zone de confort !

Souviens-toi

La zone de confort est le seul espace où tu peux envisager de progresser vers tes objectifs sans risque.

Nous verrons plus loin avec la pyramide de Maslow que notre esprit n'est pas disposé ni disponible à la croissance lorsque ses besoins primaires ne sont pas satisfaits. Autrement dit, si nous nous retrouvons dans un environnement *insecure*, ou si nous sommes en danger, notre premier réflexe sera de regagner un environnement *secure*, un lieu où nous nous sentons *safe* pour recommencer à réfléchir et à nous développer.

Un SDF qui cherche un toit (on peut donc considérer qu'il se trouve hors de sa zone de confort) n'est pas en mesure, quand il dort dans la rue, dans l'inconfort et le froid, de chercher un travail ou de se développer... Ses besoins élémentaires ne sont pas satisfaits : ce qu'il désire tout d'abord, c'est se mettre à l'abri et au chaud. Il pourra alors mieux dormir, se laver, se réchauffer, et ce n'est que lorsqu'il se sera reposé qu'il pourra envisager une évolution personnelle, chercher un travail...
Dans la nature, les animaux – mus par leur instinct – ne font pas autre chose.

D'ailleurs, de plus en plus de coachs et de spécialistes du développement personnel commencent à dire qu'il faut « élargir sa zone de confort » et non la quitter. Le vieux paradigme commence timidement à être remis en cause, et c'est une bonne chose. Mais je vais aller plus loin.

Depuis 1908, date à laquelle la notion de *comfort zone* en anglais ou « zone de confort » en français a été théorisée par les psychologues Robert Yerkes et John Dodson, personne n'a remis en cause leur postulat.
C'est fou, c'est même incroyable.
En 116 ans, les recherches en neurosciences et sciences comportementales ont accompli d'énormes progrès, on a fait des découvertes considérables, mais la théorie n'a jamais été remise en cause.

À ce stade, il est nécessaire de rappeler que leurs recherches étaient effectuées sur la base d'expérimentations sur des animaux, notamment des souris.
Et c'est donc en observant leurs comportements et leurs réactions à différents stimuli qu'ils ont défini leur théorie, transposée ensuite aux humains. À l'époque et à leur décharge, ils n'étaient pas les seuls à procéder ainsi. Mais c'était, je viens de l'écrire, une autre époque.

Or, les animaux ont des structures cérébrales dissemblables de celles des humains. Nous n'allons pas débattre ici des différences entre l'intelligence animale et l'intelligence humaine. Notons juste que les animaux utilisent principalement leur cerveau reptilien pour assurer leur survie (échapper aux prédateurs, se nourrir et se reproduire). Ce qui peut en effet générer un certain niveau d'angoisse et de stress.

Sur la base de ces observations, ils ont donc affirmé ceci : « L'anxiété améliorerait les performances jusqu'à un certain seuil estimé optimal. Au-delà, cet effet se détériore à mesure que des niveaux plus élevés d'anxiété sont atteints. » En résumé, le stress et l'angoisse peuvent nous inciter à nous dépasser dans une certaine mesure. Nous avons tous fait l'expérience d'un dossier ou d'un devoir à rendre en urgence et qui nous incite à nous dépasser pour l'achever dans les temps et rendre un travail de qualité. C'est l'expérience du stress positif. Quand nous expérimentons le stress positif, nous sommes parfaitement dans notre zone de confort, car nous évoluons dans notre espace de compétence. Nous accomplissons certes un effort pour atteindre l'objectif que nous sommes fixé ou que quelqu'un attend de nous, mais nous ne nous mettons pas en danger. C'est ce qui fait que nous pouvons être concentrés sur notre travail.

Prenons un exemple : quand une antilope fuit pour échapper à un guépard, son stress et son angoisse d'être attrapée puis dévorée l'incitent en effet à se dépasser, à sortir de sa zone de confort, c'est-à-dire de la prairie où elle se nourrissait tranquillement avant l'arrivée du prédateur. Elle court, saute, galope dans tous les sens pour lui échapper : là, oui, clairement, elle sort de sa zone de confort, car il y a un danger imminent pour sa vie.
Dans cet exemple, comme l'expliquent Yerkes et Dodson, il faut ressentir un fort degré d'anxiété et une forme de peur pour progresser, c'est-à-dire s'enfuir pour rester en vie.

Mais si cette théorie est juste pour les animaux, elle n'est que partiellement exacte pour les humains qui, aujourd'hui, n'ont plus à assurer leur survie en fuyant des prédateurs. Si on les comprend bien, il faut être en grand stress, se sentir en danger pour être performant et avancer. Ce premier postulat est – en partie – inexact : on peut être motivé et avoir envie de progresser sans se sentir en danger ou être angoissé.
J'y reviendrai.

Après des années de recherche, ils ont élaboré un schéma, baptisé « courbe de réaction au stress » (ci-dessous) :

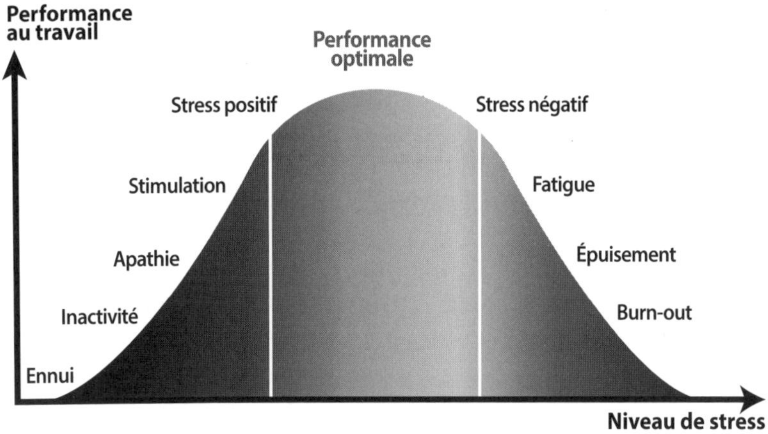

La courbe de Yerkes et Dodson

Selon eux, « l'anxiété améliore les performances jusqu'à un certain seuil estimé optimal. Au-delà, cet effet se détériore à mesure que des niveaux plus élevés d'anxiété sont atteints ». On parle alors de « zone de danger ».
En d'autres termes, un stress trop fort altère la capacité de développement.

Reprenons l'exemple de l'antilope coursée par un guépard : si ce stress énorme dure trop longtemps, elle va s'épuiser, paniquer, perdre sa lucidité, commettre des erreurs et son stress deviendra contre-productif. Malheureusement pour elle, c'est là-dessus que le guépard mise : il sait que ses capacités de fuite, donc de stress, sont limitées.

À partir de ce constat, Yerkes et Dodson ont défini une zone de confort dans laquelle **l'anxiété reste bénéfique et améliore les performances jusqu'à un certain seuil**. Et au-delà, cet effet se détériore à mesure que des niveaux plus élevés d'anxiété sont atteints.

Petit détour par le dictionnaire : qu'est-ce que le stress ?

Le stress est un état d'inquiétude ou de tension mentale causé par une situation difficile. Il s'agit d'une réponse humaine naturelle qui nous incite à relever les défis et à faire face aux menaces auxquelles nous sommes confrontés dans notre vie.

Le stress est donc un message cognitif – c'est-à-dire envoyé par notre cerveau – qui nous incite à relever les défis auxquels nous sommes confrontés ou à chercher des ressources pour sortir d'une situation délicate. Une certaine quantité de stress aide à optimiser nos performances. C'est le stress positif ou stress stimulant (j'aurais aussi pu écrire « stress challengeant »). Nous avons tous pu vérifier cela un jour. Lorsque nous devons finir un dossier, rendre un travail en urgence, nous dépasser ou prolonger un effort, cela provoque une forme de stress qui est une réponse de notre cerveau limbique (siège des comportements dits complexes ou élaborés). Ce stress est donc positif, dans une certaine mesure, s'il est maîtrisé. En revanche, si notre niveau de stress est trop élevé, si nous paniquons, si nous avons peur, il est contre-productif et nous empêche de donner notre pleine mesure.

Or, dans le schéma actuel de la zone de confort, il faut en sortir et passer par une zone de peur pour progresser.

Une anxiété raisonnable, autrement dit un stress normal ou stimulant, généré par l'envie d'atteindre un objectif, de finir un dossier urgent, de nous surpasser pour décrocher un nouvel emploi... nous incite à améliorer nos performances.
Jusque-là, nous sommes d'accord, car, comme ils l'écrivent, le stress raisonnable se produit sur ta zone de confort qui est l'espace de démarrage de tes projets.

Judith M. Bardwick est une psychologue, sociologue et consultante en management américaine dont les travaux et les livres sont orientés vers le business. Elle définit la zone de confort comme « l'état comportemental d'une personne qui choisit de vivre dans une position neutre d'anxiété », tout en affirmant que la zone de confort incite à la léthargie, à la paresse, au manque d'imagination... En résumé, celle qui a commencé à nous culpabiliser de rester dans notre zone confort, c'est elle !

Or, je le répète, la zone de confort ne se définit pas comme un état de léthargie, mais comme un état psychologique dans lequel nous nous sentons en sécurité. C'est l'espace que nous maîtrisons parce que nous sommes compétents pour le gérer. Être dans sa zone de confort est agréable et chacun peut décider de la laisser telle quelle ou de l'élargir. La zone de confort est indispensable à notre stabilité et à notre équilibre.

Certains la décrivent aussi comme un espace de stagnation dans lequel la routine s'installe. Routine qui peut mener à la déprime... Or, la routine, si elle est désirée, n'a rien de déprimant. Elle peut même être très épanouissante pour certains qui ont besoin d'un cadre extrêmement défini pour s'épanouir. Par définition, la zone de confort ne peut pas être une zone de déprime. Celle ou celui qui déprime le fait parce qu'il est dans une zone d'inconfort. On déprime lorsqu'on est seul, lorsqu'on

n'a pas de projet, lorsqu'on se sent en panne, mais certainement pas à cause de sa zone de confort.
Le discours communément admis est donc qu'il faut sortir de la zone de confort, espace d'ennui et de routine, pour prendre des risques. Mais que se passe-t-il lorsqu'on prend un risque (surtout si celui-ci n'est pas mesuré) ? On se met en danger ! Et la pyramide de Maslow est là pour nous rappeler que lorsque nous sommes en danger, nous ne sommes plus en mesure de progresser.

Pour éviter de te mettre inutilement en danger, il te faut donc rester dans ta zone de confort et l'élargir. Élargir ta zone de confort te renforcera (j'allais écrire « te musclera ») cérébralement et physiquement. Cela a pour conséquences immédiates :

- **D'augmenter l'estime de soi :** en nous fixant des objectifs, en les relevant et en savourant de petites victoires ;
- **De rester motivé :** en effet, lorsque nous nous fixons de petits objectifs et que nous les atteignons, nous savourons ces petites victoires qui renforcent notre confiance en nous-même ;
- **De développer nos capacités d'adaptation :** en effet, lorsque nous vivons ou tentons de nouvelles expériences, nous découvrons en nous-même des ressources insoupçonnées qui, elles aussi, nourrissent notre confiance en nous ;
- **De penser différemment :** lorsque nous ouvrons notre esprit, nous devenons plus ouverts, plus réactifs, plus réceptifs aux nouvelles opportunités.

Il n'est pas nécessaire de sortir de sa zone de confort et de se faire peur pour évoluer mentalement.

Certains m'ont répondu : oui, mais comment se défait-on d'habitudes contraignantes ? Comment casse-t-on nos pensées et croyances limitantes ? Comment cesser d'avoir des comportements d'autosabotage ? Toutes les réponses à ces questions sont dans la nouvelle zone de confort que je te présente dans le chapitre suivant.

Ainsi, on se défait des habitudes qui nous contraignent en travaillant dans notre zone d'apprentissage et de progrès. Nous cassons nos pensées récurrentes en travaillant dans notre zone de renforcement. Nous cessons l'autosabotage en travaillant dans notre zone de confiance...

En réalité, Judith M. Bardwick, qui était consultante en management, s'adressait principalement aux entreprises américaines. À la fin des années 1980, elle a écrit un livre, *Stress in the Comfort Zone*, dont le sous-titre était « Casser les habitudes qui tuent le business américain ». Ce n'était pas à proprement parler un livre de développement personnel. Dans cet ouvrage jargonneux, elle expliquait, notamment, que le monde des affaires américain devait sortir de sa zone de confort pour développer son agressivité commerciale, sa créativité et gagner des parts de marché.
On est là dans le business et pas du tout dans le développement personnel. Et ce qui est peut-être vrai pour l'industrie pour conquérir des parts de marché n'est pas transposable au développement personnel individuel.

Sortir de sa zone de confort est donc au départ un concept inventé pour le business.

Ce qui est intéressant, c'est qu'ensuite, comme des perroquets, des milliers de coachs (sans doute alléchés par l'argent qu'ils pouvaient tirer de cette assertion) l'ont répétée et propagée. Cette injonction très américaine de vouloir régenter la vie des autres a ensuite ruisselé sur le monde entier.

Voilà d'où vient l'idée erronée que pour réussir personnellement, il faut sortir de sa zone de confort ! Voilà comment le discours s'est au fil du temps dévoyé. Peu à peu, il a été sous-entendu que si la zone de confort permet de tenir à l'écart le stress et la peur, elle ne te permet pas de vivre pleinement ta vie.
C'est-à-dire que si tu es heureux dans ta vie avec un métier qui te convient, en couple avec une personne que tu aimes et avec un entourage agréable et que cela te suffit, certains affirmeront que puisque tu es dans ta zone de confort, tu ne vis pas pleinement ta vie ! Absurde !

Cette absurdité me fait penser au conte du pêcheur mexicain qui vit heureux dans sa zone de confort jusqu'à ce qu'un Américain veuille l'en faire sortir.
Si tu ne le connais pas, le voici dans le chapitre suivant.

Chapitre 2

Le conte du pêcheur mexicain

Dans un village au bord de la mer, au Mexique...
Un pêcheur mexicain rentre au port à bord de son bateau dans lequel se trouvent plusieurs beaux poissons. Après avoir déchargé ses poissons, il s'installe sur un hamac pour faire la sieste. Un Américain en vacances lui demande :
— Pourquoi ne restez-vous pas en mer plus longtemps ?
— Parce que j'ai assez pour nourrir ma famille, répond le pêcheur.
— Que faites-vous le reste du temps ? insiste l'Américain.
— Je fais la grasse matinée, je joue avec mes enfants, je fais la sieste avec ma femme. Le soir, je vais au village voir mes amis. Nous buvons du vin et jouons de la guitare, j'ai une vie bien remplie..., explique le pêcheur.
— Vous devriez commencer par pêcher plus longtemps. Avec les bénéfices dégagés, vous pourriez acheter un plus gros bateau. Avec les nouveaux bénéfices, vous pourriez en acheter un deuxième, et ainsi de suite jusqu'à avoir une flotte.
— Et ensuite ? demande le pêcheur.

— Ensuite, vous ouvririez votre propre usine, vous quitteriez votre village pour Mexico, puis New York, d'où vous dirigeriez toutes vos affaires…
— New York ? Et après ? demande le Mexicain.
— Après ? Vous introduiriez votre société en Bourse et vous gagneriez des millions, répond l'Américain.
— Des millions ? Et après ?
— Après ? Vous pourriez prendre votre retraite, habiter un petit village au bord de la mer, faire la grasse matinée, jouer avec vos petits-enfants, pêcher un peu, faire la sieste avec votre femme et passer vos soirées à boire et à jouer de la guitare avec vos amis…

J'adore cette histoire qui peut avoir plusieurs interprétations ! Dans le cas qui nous intéresse, elle montre comment un Américain, à qui personne n'a rien demandé, tente d'inciter un pêcheur heureux à sortir de sa zone de confort.

Note ici ce que t'inspire ce conte
et quelle leçon tu en tires pour toi :

____

____

____

____

____

Chapitre 3

La nouvelle zone de confort, c'est quoi ?

Comme tu l'as vu dans les pages précédentes, il est donc important de trouver un équilibre entre l'envie de développer tes potentiels et celui de rester dans un lieu sécurisant pour y parvenir. La nouvelle zone de confort que je te propose est extrêmement vertueuse, comme tu vas le voir : c'est comme si à l'intérieur de son cercle, tu poussais la circonférence pour l'élargir.

C'est comme si tu allais en quelque sorte « te déplier » pour déployer et donner la pleine mesure de tes potentiels.

La zone de confort n'est donc pas une zone dans laquelle on est condamné à l'apathie, la paresse, la régression, la léthargie. Loin d'être une prison ou un espace qui ne permettrait pas à nos énergies de s'épanouir, c'est justement le lieu d'où peuvent partir tous les possibles parce que c'est toujours quand les

bases de la maison sont solides que l'on peut envisager de bâtir un étage et des extensions.
La zone de confort est la fondation de ta maison psychologue personnelle.

Jusqu'alors, les schémas proposaient de sortir de cette zone pour commencer à progresser. Comme tu l'as compris, si tu as lu les chapitres précédents, ils sont erronés.

Et c'est bien en restant dans ta zone de confort que tu pourras trouver des zones de progression, des zones d'apprentissage et des zones de renforcement de confiance en toi. C'est bien dans la zone de confort que tu vas trouver des ressources pour développer tes compétences et aller vers ta réussite, quel que soit le sens que tu mets dans ce mot.

Vouloir en sortir à tout prix revient à se jeter dans une zone de danger, dans une zone *insecure* dans laquelle tu seras mal à l'aise ou peut-être tu auras peur et où tu n'auras plus tes repères. Même si une zone de danger peut être en apparence séduisante parce qu'elle procure son lot d'émotions fortes, cela ne dure qu'un temps. Nous avons tous une tolérance limitée aux dangers et à la peur. Crois-moi, ton instinct va tôt ou tard te pousser à revenir dans ta zone de confort. Aller chercher la peur pour évoluer n'est pas une bonne idée. En tout état de cause, j'ai bien vu dans mes coachings que ce schéma-là ne convenait pas à tout le monde. J'ai vu des personnes se transformer fondamentalement sans sortir de leur zone de confort, mais seulement en reprenant confiance en leur potentiel.

Beaucoup de schémas existent pour illustrer la zone de confort. Je t'en ai présenté un dans le premier chapitre et en voici deux autres, aussi fallacieux l'un que l'autre :

Fausse idée n° 1

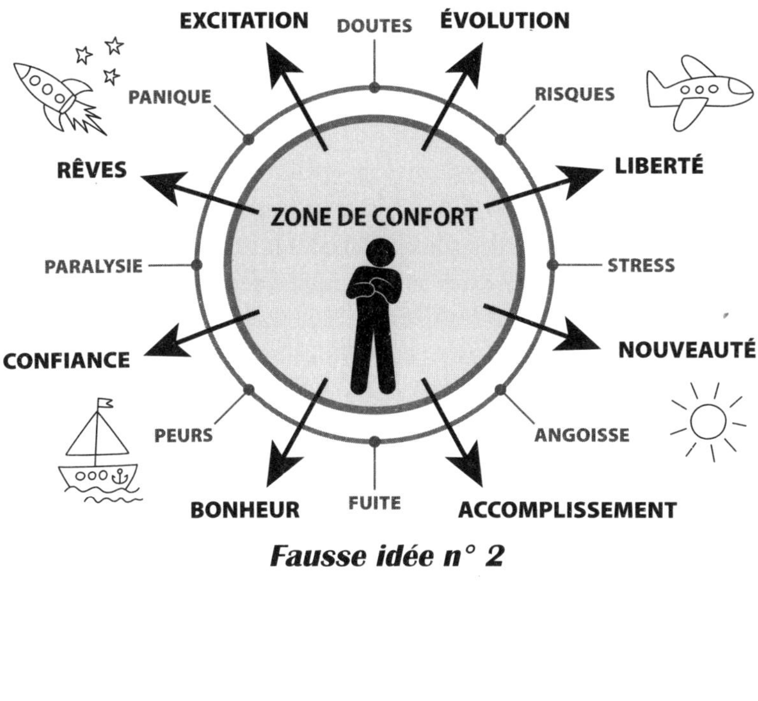

Fausse idée n° 2

Le schéma 1 est de loin le plus dangereux, car c'est le plus caricatural.
N'écoute surtout pas ce qu'il préconise.
En coaching, j'ai rencontré beaucoup de personnes qui s'étaient précipitées hors de leur zone de confort, là où supposément « la magie se produit », et qui ont vécu de véritables catastrophes : échec professionnel, perte d'argent, le cumul des deux ayant conduit à l'échec de leur couple... C'est ce que j'appelle l'effet post-Covid-19 : beaucoup de personnes ont fait des choix inconsidérés et trop rapides et ont mangé la poussière.
Tu connais forcément, comme moi, des gens qui, après la période d'enfermement vécue durant la Covid-19, ont décidé du jour au lendemain de changer de vie, d'aller s'installer à la campagne, de quitter la ville au prétexte qu'ils avaient été malheureux pendant la période de confinement. C'est vrai que cette période a été éprouvante pour tout le monde. Mais faire des choix intempestifs de changement de vie au sortir d'une telle épreuve est forcément une erreur. La précipitation est toujours mauvaise conseillère. Je ne cesse de le répéter à mes coachés lorsque, après une prise de conscience ou l'émergence d'une nouvelle idée, ils veulent s'y jeter à corps perdu.
Donc, certains sont partis vivre subitement à la campagne, au grand air, pour avoir le jardin qui leur a tant manqué durant le confinement. Mais la vie à la campagne est très différente de celle de la ville. Tout le monde ne s'y retrouve pas. Surtout si on a une famille et des enfants qui ont besoin d'aller à l'école, de voir des amis, de faire des activités extrascolaires... En ville, il y a des bus, des métros, des tramways, tout est à proximité... À la campagne, tout est plus loin, moins évident. La plupart des trajets nécessitent de prendre une voiture... Y vivre peut être merveilleux, mais il faut appréhender et anticiper d'autres contraintes.

La magie promise hors de la zone de confort peut se révéler être une catastrophe ! C'est pourquoi j'ai remplacé dans le dessin le mot « magie » par « catastrophe ». Certains l'ont compris, mais trop tard. S'ils s'étaient posés, s'ils avaient réfléchi, s'ils avaient procédé par étapes et au lieu de se jeter hors de leur zone de confort, cela leur aurait certainement épargné des regrets.

Souviens-toi

La magie est partout si tu sais la voir,
inutile de te mettre en danger.

Le schéma 2 est un fourre-tout d'absurdités.
Le petit personnage dessiné à l'intérieur du cercle semble figé et paralysé par les doutes, les angoisses, les peurs, le stress... On peut donc en déduire logiquement qu'il n'est pas dans une zone de confort, mais plutôt d'inconfort, non ? Et curieusement, tout ce que l'on trouve en principe dans la zone de confort a été dessiné à l'extérieur : confiance, bonheur, excitation, accomplissement... Absurde ! Ce dessin montre surtout une totale incompréhension de ce qu'est vraiment la zone de confort.
On zappe !

Il est temps que je te présente la nouvelle zone de confort.

La nouvelle zone de confort

Ma conviction est qu'il n'est pas utile de traverser une zone de danger pour s'accomplir et atteindre ses objectifs. J'ai vu dans mes coachings tellement de personnes se réaliser en se déployant à l'intérieur de leur zone de confort ! Des personnes qui se sont métamorphosées, épanouies, révélées à elles-mêmes tout simplement en prenant conscience de leur potentiel. Des personnes qui ont retrouvé l'envie, l'enthousiasme, l'énergie par des prises de conscience, mais certainement pas en allant se mettre en danger...

J'affirme même le contraire : moins tu te mets en danger, plus tes chances d'atteindre l'excellence décuplent, car tu possèdes en toi toutes les ressources pour réussir. À toi de les activer ! C'est dans la zone de confort, dans cet espace de sécurité (et aussi dans ton cortex préfrontal) que naissent et se forment tes projets, tes envies et tes idées les plus folles. D'ailleurs aucune idée n'est folle. Une idée peut être novatrice, audacieuse, culottée, mais on n'est jamais fou quand on rêve pour soi.

Prenons un exemple.
Si tu décides demain d'apprendre l'anglais, car tu rêves d'un super poste où il faut être bilingue, je ne vois pas en quoi cela impliquerait d'avoir très peur d'apprendre l'anglais... Au contraire ! Comme c'est une décision qui vient de toi, la logique veut que tu sois hyper motivé et enthousiaste ! Le développement de tes compétences ne passe pas par la traversée d'une zone de danger. Je dirais même que c'est tout l'inverse : rien n'est plus réjouissant que de se lancer dans un apprentissage. Les neurosciences ont depuis longtemps montré la capacité d'adaptation et la plasticité incroyable de notre cerveau. De nouvelles connexions neuronales se mettent aussitôt en place à chaque changement d'habitudes. C'est à la fois fascinant et rassurant.
Donc, agis et ton cerveau suivra !
Je me demande si beaucoup de personnes se mettraient à l'anglais si on leur annonçait qu'ils devraient se mettre en danger

et traverser une zone de peur hors de la zone de confiance pour cela.
Certes, il est humain de nous interroger sur nos capacités ou sur notre envie d'aller au bout. Nous pouvons redouter de ne pas y arriver et donc réfléchir à des stratégies adaptées pour surmonter ces éventuels écueils... Cela fait partie d'un processus de préparation et d'anticipation nécessaire et indispensable au démarrage de tout projet. Aucune raison de créer une zone de peur factice qui serait un passage obligé, comme le prétendent les schémas actuels qui veulent nous faire sortir de notre zone de confort.

Je te le redis : nul besoin de te mettre en danger pour atteindre tes objectifs, et heureusement d'ailleurs ! Nous serions bien peu nombreux à les réaliser. N'écoute donc plus les idiots (je n'ai pas trouvé de meilleur terme pour les qualifier) emmitouflés dans des titres pompeux de « conseillers ou coachs en développement personnel » qui te serinent de sortir de ta zone de confort.

Résumons.
Si tu désires évoluer, atteindre un nouvel objectif, te dépasser..., il faut certes te remettre en cause, questionner tes fonctionnements, lister tes points forts et tes points d'amélioration, puis mettre en place des stratégies quotidiennes pour changer tes habitudes, affronter tes blocages, tes croyances limitantes..., mais tout ça n'implique pas de prendre des risques, de te mettre en « danger » hors de ta zone de confort.

Critiquer sert à déconstruire, proposer sert à construire.
Je vais donc te présenter le nouveau schéma de la zone de confort, tel qu'il devrait être utilisé par tous.

Mais afin de compléter et de corroborer ce que j'affirme, un petit détour par la pyramide de Maslow s'impose. J'ai abordé brièvement la pyramide de Maslow dans un chapitre précédent. Là, je vais aller plus loin.
C'est un outil très simple, la pyramide Maslow : un enfant de 5 ans pourrait la comprendre. Elle est fondamentale pour prendre conscience à quel point sortir de sa zone de confort pour progresser et atteindre nos objectifs, notre réussite (quel que soit le sens que l'on donne à ce mot), est une ineptie.

Abraham Maslow était un psychologue humaniste américain qui, dans les années 1950, a travaillé sur les mécanismes de nos peurs. En les analysant, il a démontré grâce à sa pyramide ci-dessous que pour réaliser nos besoins d'accomplissement, de développement et de reconnaissance, nos besoins vitaux doivent au préalable être comblés.
Ce qui veut dire que pour commencer à évoluer, nous avons besoin d'être en sécurité. En d'autres termes, il faut que nous soyons dans un espace *safe*, comme disent les Anglais, un espace « sûr » en français.
Il rejoint donc mon propos lorsque je dis que c'est dans la zone de confort que tout se joue ! CQFD.

Allons plus loin.
Abraham Maslow a hiérarchisé dans la pyramide qui porte son nom les cinq besoins principaux d'un individu.

1. les besoins physiologiques ;
2. le besoin de sécurité ;
3. le besoin d'appartenance ;
4. le besoin d'estime ;
5. le besoin d'accomplissement.

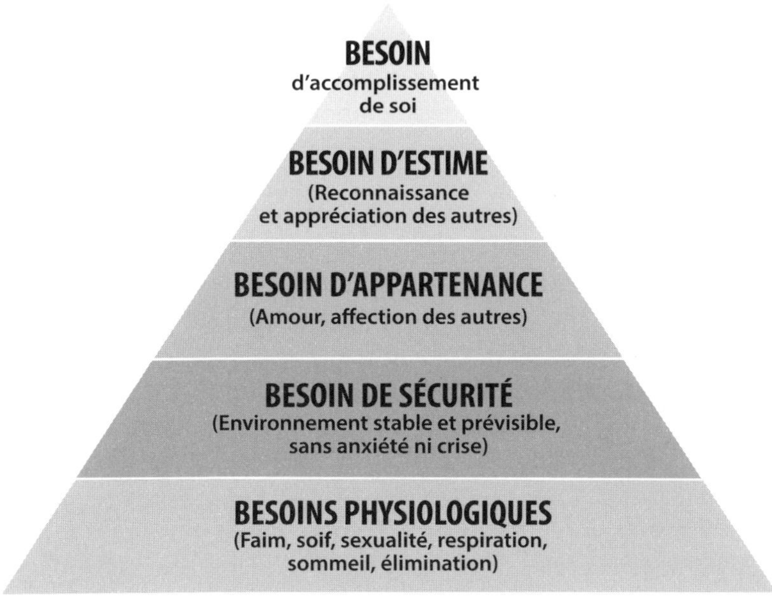

La pyramide de Maslow

Il affirme que si les besoins physiologiques et de sécurité, les besoins élémentaires, ne sont pas satisfaits, un individu ne sera pas capable d'évoluer vers son accomplissement personnel, en d'autres termes de mener à bien des projets plus ambitieux et d'aller vers ses rêves.

Deux exemples :
Essaye de demander à quelqu'un qui n'a pas mangé ni dormi depuis deux jours s'il est prêt à commencer tout de suite là maintenant à écrire le livre dont il rêve depuis longtemps.
Non, il ne pourra pas. Il ne sera pas en état ni physique ni psychologique, car ses besoins primaires et physiologiques ne sont pas satisfaits. Il va consacrer tout son esprit et son énergie à trouver de quoi manger et à dormir. La rédaction du livre attendra.

« Ventre affamé n'a point d'oreilles », dit l'adage.
Essaye de demander la même chose à une personne dont la maison vient de brûler. Dans ce cas, c'est son besoin de sécurité qui n'est plus assuré et sa préoccupation va être de rechercher un lieu sécurisé pour vivre avant toute autre chose. C'est sa priorité impérieuse.

Transposée à la zone de confort, la pyramide démontre que, pour évoluer, nous devons nous sentir en sécurité, non pas en danger, autrement dit **être dans notre zone de confort**. Et c'est d'elle que tout part et c'est vers elle que tout converge. C'est de notre zone de confort que nous pouvons envisager des évolutions pour notre avenir, pour aller vers nos objectifs et réaliser nos rêves.
Il ne faut pas sortir de sa zone de confort, il faut l'élargir.

En réalité, la zone de confort se compose de plusieurs mini-zones ou sous-zones.

- **La zone de confiance :** c'est tout ce que je sais, ce que j'ai appris, ce sont mes qualités, mes atouts, mes points forts, mes compétences, les situations où je suis à l'aise, où je maîtrise mes connaissances. C'est aussi la zone de mes soft skills, qui sont les compétences comportementales et sociales. Ce sont des qualités liées à « l'être ». On y trouve par exemple l'empathie, la curiosité, l'esprit d'initiative, la bienveillance, l'écoute, la patience, la communication, la motivation, la gestion du stress, l'adaptabilité au changement... (Ex. : je peux progresser dans cette zone en faisant des efforts pour être plus patient ou pour mieux gérer mon stress...).
- **La zone d'apprentissage ou de renforcement :** c'est tout ce que je peux apprendre à faire (cuisiner, bricoler, parler une langue étrangère, jouer d'un instrument de musique, composer des présentations PowerPoint...), ce sont mes lectures possibles et, plus simplement, un espace d'acquisition de connaissances, la

zone dans laquelle je développe mes compétences, mes formations... (Ex. : je parle un anglais moyen, je veux améliorer mon niveau pour être fluent).

- **La zone d'épanouissement et de rayonnement :** c'est la zone dans laquelle je me rapproche de mes rêves. (Ex. : si j'écrivais un livre ? Si on construisait notre maison au bord de la mer ? Si on partait faire un fabuleux voyage ?)

Dès que nous activons une de ces zones à l'intérieur de notre zone de confort, notre niveau d'énergie et d'engagement augmente aussitôt. Et logiquement, l'activation de plusieurs de ces zones les décuple.
Et c'est l'activation de ses minizones qui élargit ta zone de confort.
Exemple : je développe ma zone de renforcement en décidant d'améliorer mon niveau d'anglais, tout en activant la zone des *soft skills*, car je vais faire des efforts au niveau de ma patience. Mon énergie décuple au fil de mes progrès et j'entre ainsi dans un cercle vertueux, car j'augmente mon niveau d'énergie. Et l'énergie nourrit l'énergie.

Il est temps maintenant de parler des deux espaces supplémentaires de notre zone de confort. Il y a, c'est vrai, au cœur même de notre zone de confort, un espace d'inconfort et un espace cool ou de régression. De quoi s'agit-il ?

La zone d'insatisfaction : c'est tout ce qui concerne mes insatisfactions (légère prise de poids, un travail insatisfaisant, des relations de couple distendues, les soucis quotidiens, des appréhensions...). Tous ces aléas me tracassent, mais ils sont dans ma zone de confort, car ils ne m'empêchent pas de vivre ma vie, je les connais, je compose avec, parce qu'au fond, je les estime supportables. Bon an, mal an, je vis avec...

La zone de paresse : c'est l'espace où je revendique mon droit à ne rien faire, à faire une sieste, à paresser, à ne rien vouloir de plus. Le droit de m'ennuyer, de perdre du temps, de recharger mes batteries.
C'est où nous allons lorsque nous sommes fatigués. C'est surtout un espace dans lequel nous nous plaisons à revendiquer notre liberté, parce qu'il faut l'assumer. Et parce que c'est un espace qui, depuis l'enfance, nous est contesté. On se souvient tous avoir entendu nos parents nous dire : « Au lieu de traîner là à ne rien faire, finis tes devoirs », « Si tu ne fais rien, viens m'aider... » En réalité, c'est de cet espace-là qu'on veut nous extraire lorsqu'on nous sommes obligés de sortir de notre zone de confort. Attention ! C'est dans cet espace que peuvent naître nos petites culpabilités. Notamment si nous nous y attardons trop longtemps. Exemple : si je passe une demi-journée à scroller sur les réseaux sociaux parce que c'est mon plaisir et ma liberté, je ne vais pas être très contente de moi à la fin de la journée.

La zone de danger : cette zone-là se situe **hors de notre zone de confort** et, quand nous y sommes, nous voulons tout faire pour revenir.
C'est là où se produisent les événements graves de notre vie, des événements que nous ne maîtrisons souvent pas.
Dans cette zone, nous sommes en danger, en insécurité, nous avons peur, nous sommes parfois même paralysés par cette peur. Car notre besoin de sécurité est altéré.
Il peut arriver à tout le monde de se retrouver dans cette zone de danger pendant un temps plus ou moins long.
Lorsque nous y sommes, nous activons toutes nos ressources vitales, notre instinct de survie pour retourner dans notre zone de confort qui est notre zone de sécurité.

Dans cette zone se trouvent les maladies graves, les relations toxiques ou violentes, les accidents, tout ce qui met notre vie en péril...
Très souvent, nous avons besoin d'aide pour sortir de cette zone de danger, l'aide de professionnels, l'aide d'amis et de personnes bienveillantes.

Ce n'est donc pas une zone nécessaire par laquelle il faut passer pour réussir, comme l'affirment les charlatans du développement personnel, mais bien une zone dangereuse dont tu dois absolument t'extirper par tous les moyens possibles et imaginables. Ceux qui affirment que ce passage par la zone danger est nécessaire pour progresser te mentent. Tu es en danger et ta première urgence est de tout mettre en œuvre pour retrouver un espace *secure* et *safe* où tu vas pouvoir poursuivre ton développement vers tes objectifs.

Maintenant que tu as compris l'intérêt et les avantages de ta zone de confort et que tu ne culpabilises plus d'y rester, tu vas pouvoir donner ta pleine mesure et développer tes potentiels.

L'important est de te fixer des objectifs réalistes et atteignables. C'est ainsi que tu vas progresser à ton rythme de façon prudente, mais certaine. Car la prudence n'est pas incompatible avec l'ambition et le succès, c'est même un signe de maturité.

Et, pour t'aider à déverrouiller tes blocages, à retrouver ton énergie et ton plein potentiel dans ta zone de confort, le chapitre suivant va te révéler les stratégies simples, mais redoutablement efficaces, que tu dois activer.

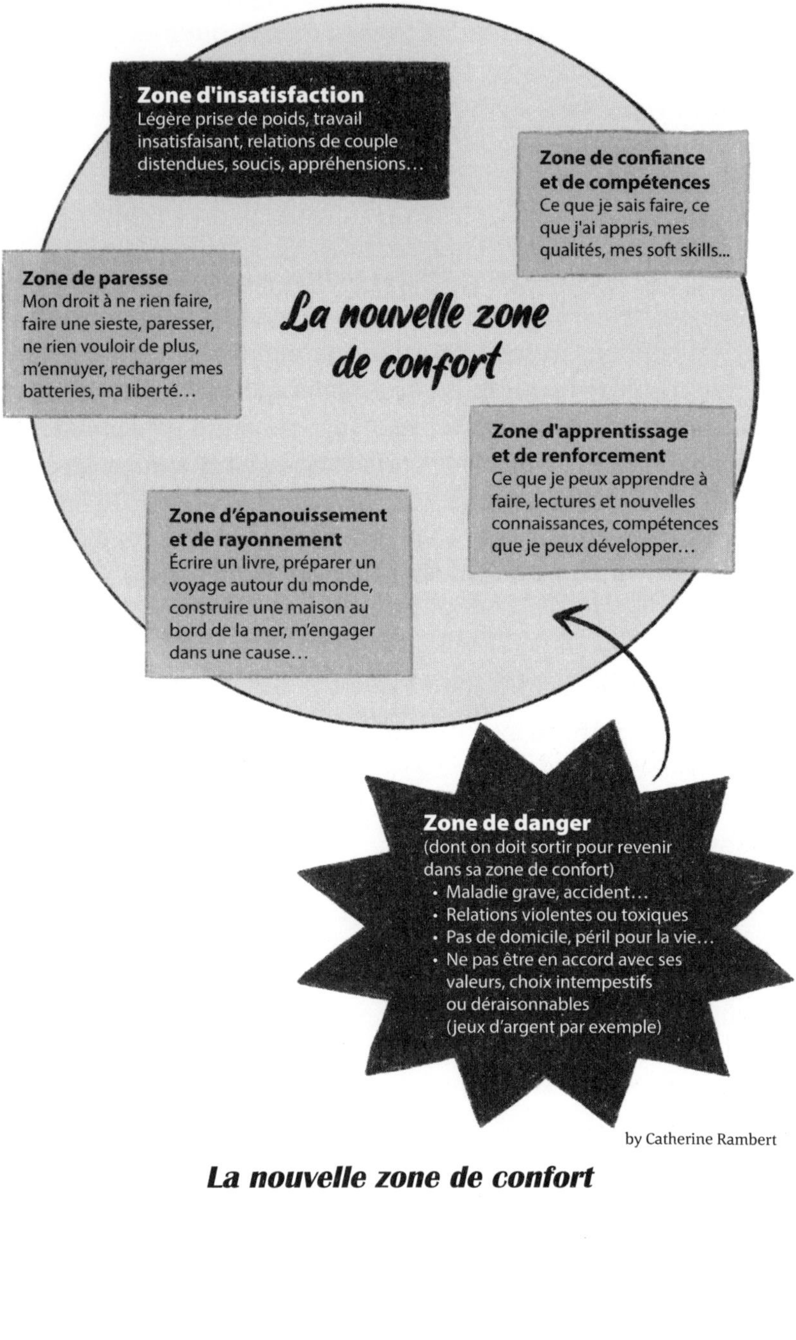

La nouvelle zone de confort

CHAPITRE 4

Cinq stratégies infaillibles pour progresser « dans » ta zone de confort

Maintenant que tu as compris que tu portes dans ta zone de confort tous les potentiels pour devenir une meilleure version de toi-même, et pour réaliser les objectifs dont tu rêves depuis longtemps, je vais t'expliquer comment déployer tes capacités et comment activer tes ressources insoupçonnées.

Mais premier point : dorénavant, retire de ton vocabulaire l'expression « sortir de ma zone de confort » et remplace-la par « élargir ma zone de confort » ou « développer ma zone de confort ». Car c'est exactement ce que je te propose dans les lignes qui suivent.

Tu vas découvrir dans ce chapitre comment accomplir des progrès considérables sans te mettre en danger, sans prendre de risques, sans abandonner ce que tu as, sans renoncer à ce qui te tient, à ton confort : ce chapitre va te déculpabiliser de rester dans ta zone de confort ! Dorénavant, tu vas l'assumer !

Souviens-toi

Tu n'as qu'une seule vie. Il n'y a pas de plan B. Pas de deuxième chance. C'est celle-là que tu dois réussir.

Alors, ne perds plus de temps pour agir et pour te réaliser. C'est tellement plus facile que tu ne le penses. Un proverbe chinois dit très justement que « ce n'est pas le chemin qui est difficile, c'est l'idée que l'on se fait du chemin qui l'est ».

Réussir en restant dans ta zone de confort doit non seulement être une urgence pour toi, mais ça doit être aussi ton seul moteur. Cela implique une discipline. Certes, tu ne vas pas te mettre en danger, cependant il va falloir que tu crées des stratégies pour atteindre ton objectif. Si tu procèdes avec calme, détermination et méthode, si tu persévères, les portes du succès vont s'ouvrir en grand, plus rapidement que tu le penses. Tu n'auras même pas à les pousser ou à forcer, elles vont s'ouvrir toutes seules devant toi. Et tu vas enfin arriver là où tu rêves d'être depuis longtemps ! C'est ça, la magie des progrès dans la zone de confort. Et ce, quel que soit le sens que tu attribues au mot « succès ».

Je t'en prie, n'agis pas comme tous ceux qui cherchent en permanence des excuses ou des prétextes pour ne pas avancer : « Ce n'est pas le moment », « Je n'ai pas le temps », « Ce n'est pas pour moi » « Le contexte n'est pas bon », « Je ne suis pas prêt », « Les circonstances ne sont pas favorables », blablabla...

Si tu as ce livre en main, c'est que tu es déterminé à arrêter de chercher des excuses, pour te concentrer sur les solutions !

Je vais te faire une grande révélation : les circonstances ne sont jamais favorables ! Les étoiles ne sont jamais parfaitement alignées ! C'est à toi de te mettre en marche. Le changement auquel tu aspires dans le monde commence par toi-même !

Bouge et tout bougera autour de toi.
Cesse de regarder avec envie et une pointe de résignation ceux qui ont réussi et qui mènent la vie dont tu aurais rêvé. Si eux y sont arrivés, il n'y a aucune raison que tu ne puisses pas y arriver aussi.
N'accepte pas une situation qui ne te convient pas si tu sens que tu pourrais faire mieux. Ce n'est pas une fatalité ! Ne te laisse pas définir par un échec que tu as peut-être connu dans le passé ! Nous avons tous connu des échecs. Tu n'es pas le seul ! Alors, arrête de te lamenter, relève-toi et remets-toi au travail.

Souviens-toi

Un échec a l'importance que tu décides de lui accorder !

Un proverbe espagnol affirme que « la rue du Plus-Tard débouche sur la place du Jamais ». Je le complète en affirmant que « la rue du Maintenant débouche sur la place du Succès » ! Tu es prêt ? *Go!*

Ta zone de confiance et de compétence

Comme tu l'as vu dans le chapitre précédent, cette zone de confiance et de compétence est bien située à l'intérieur de ta zone de confort. S'y trouve ce que tu sais faire.
Pour progresser dans ta zone de confort, il est donc important de faire un état des lieux de tes compétences. Le premier exercice que je te propose consiste à noter tout, absolument tout, ce que tu sais faire et que tu fais plutôt bien. C'est fondamental pour que tu prennes conscience de tes atouts ! Pour que tu arrêtes éventuellement de te dénigrer ou de te sous-estimer.
Ne dis pas « Oui, mais ça, tout le monde le fait » ou « Oui, mais ça, ça ne sert à rien ». Note-le.
Demande à ton entourage de t'aider à lister tes compétences, si nécessaire : « En quoi suis-je bon ? », « Qu'est-ce que je sais faire ? », « Quelles sont mes compétences ? », « Dans quel domaine tu peux compter sur moi ? »

Donc, l'exercice suivant va consister à répertorier l'ensemble de tes grandes et petites compétences.
Si tu es bricoleur, tu le notes !
Si tu es bon en informatique, tu le notes !
Si tu es un as du rangement, tu le notes !
Si tu es persévérant, tu le notes !
Si tu adores la marche, tu le notes !
Si tu es ponctuel, tu le notes !
Si tu as le sens de l'humour, tu le notes !
Si tu es débrouillard, tu le notes !
Si tu es bon en anglais, tu le notes !
Si tu es un bon gestionnaire, tu le notes !
Si tu es quelqu'un de fiable, tu le notes !
Si tu aimes jardiner, tu le notes !

Si tu joues du piano ou de la guitare, tu le notes !
Si tu aimes cuisiner, tu le notes !
Si tu as le sens de l'orientation, tu le notes !

Tu le vois dans les exemples que je viens de donner ci-dessus, il est important de répertorier le maximum de tes compétences, dans tous les domaines. Note des compétences aussi bien professionnelles que personnelles, que des talents que tu as. Ne te pose pas la question de leur degré d'utilité ou toute autre considération.
Répertorie ce que tu sais faire de grand ou de petit...

Sur cette page, colle ta photo et note toutes tes compétences.

Ma photo

Mes compétences

Une fois cet exercice achevé, prends conscience de tout ce que tu sais faire et visualise-le ! Félicite-toi et, une nouvelle fois, dis-toi que tout le monde n'a pas les mêmes compétences que toi !
Cet exercice est essentiel et nécessaire pour ta confiance et ton estime personnelle. Visualiser et prendre conscience de l'ampleur de tes dons et de tes compétences va te servir de point de départ pour travailler ta zone d'apprentissage ou de progrès et celle de renforcement.
Avec cette première liste, prends un moment pour intégrer que tu as les capacités d'aller là où tu veux aller.

Maintenant, tu dois te mettre en marche et voici les cinq stratégies qui vont te permettre d'activer tes ressources et d'aller chercher en toi toute la détermination dont tu as besoin.

Souviens-toi

Celiu qui n'accepte pas de se tromper n'accepte pas la possibilité de réussir !

Tu as peut-être noté qu'il y a une coquille dans la phrase précédente. Ou peut-être ne l'as-tu vue qu'en la relisant seulement parce que je te l'ai signalée. Elle est totalement volontaire ou peut-être qu'elle est involontaire. C'est une faute de frappe qui m'a échappé en première relecture. Puis, quand je l'ai vue, j'ai pensé que cette coquille n'enlevait rien à la force de cette affirmation. Alors, je l'ai laissée. Malgré la coquille, le message reste puissant. Toi non plus, ne laisse pas une petite erreur saboter et remettre en cause ton grand dessein !

Mon livre se remettra d'une faute d'orthographe (peut-être même y en a-t-il d'autres), mais je ne me remettrai pas de l'arrêter à cause d'une erreur !

Souviens-toi

Ne laisse pas une erreur ou un échec décider de ton succès et prendre le pouvoir sur tes ambitions.

1re stratégie : offre-toi tous les jours un cadeau, en te levant un peu plus tôt !

Décider de faire sonner son réveil une demi-heure plus tôt est un effort minime et dérisoire. C'est à la portée de n'importe qui, même des personnes qui prétendent être du soir. Tu es tout à fait capable de faire sonner ton réveil très tôt lorsqu'il s'agit de prendre un avion pour partir en vacances, alors pourquoi n'en serais-tu pas capable quand il s'agit de réaliser tes rêves ?

Si tu veux trouver du temps pour toi, pour penser à ta stratégie, conscientiser ton changement, visualiser tes objectifs, il est essentiel de faire cet effort.

Je développe plus loin dans le chapitre 7, les extraordinaires vertus du *early morning* qui consiste à se lever entre 4 h 30 et 5 h du matin. Une habitude adoptée par beaucoup de leaders.

À ce stade, il ne s'agit pas de cela, mais de profiter du matin pour t'accorder un peu de temps pour toi.

Réfléchis aux bénéfices que t'apporterait le fait de te lever une demi-heure plus tôt au lieu de te focaliser sur l'effort que cela te demande.

D'abord, le matin offre une occasion d'être au calme et d'avoir quelques minutes de solitude très appréciables pendant que tout le monde dort. La maison est à toi. Le monde est à toi. C'est un moment de retour sur soi (sans écouter les infos ou regarder son smartphone).

Si tu as décidé de reprendre le sport, peut-être pourrais-tu en profiter pour faire quelques abdominaux ?
Si tu as entrepris un régime, tu pourrais en profiter pour te préparer un plat léger pour le déjeuner avant de partir au bureau.
Si tu veux changer de job, c'est le bon moment pour envoyer quelques CV avec une lettre de motivation (tu seras ainsi en tête des e-mails matinaux reçus par les recruteurs).
Si tu as décidé d'apprendre l'anglais, c'est un moment idéal pour réviser, apprendre du nouveau vocabulaire...
Cela permet de démarrer la journée de façon extrêmement satisfaisante, car, pendant que tout le monde dort, tu as pris un peu d'avance. Le sentiment de progresser donne de l'énergie, tu ne démarres pas la journée de la même façon. Surtout, tu peux commencer à progresser très significativement en restant dans ta zone de confort et en développant ta zone d'apprentissage et de progrès.

2e stratégie : cesse de perdre du temps sur les réseaux sociaux

Il existe des centaines d'études qui ont analysé le temps que nous passons sur les réseaux sociaux et leur impact sur notre productivité.
Concernant le temps passé, on estime qu'il va de 30 minutes à 2 h 30 ! Oui, tu as bien lu : deux heures et trente minutes ! C'est inouï ! Et si les 13-24 ans passent en moyenne trois fois plus de temps sur les réseaux sociaux que les autres tranches d'âge, certaines études affirment qu'un adulte actif scrolle plus d'une heure par jour sur les réseaux sociaux !
Quand je lis les chiffres, je n'arrive plus à croire une personne qui m'affirme qu'elle n'a pas le temps ! Une heure par jour, ça

fait donc sept heures par semaine, je te laisse imaginer les immenses progrès que tu pourrais réaliser si ce temps était utilisé pour te rapprocher de tes objectifs !

Que les réseaux sociaux soient extraordinairement chronophages est une chose, mais le plus grave est la façon dont ils altèrent notre concentration, notre production, notre réactivité et nos capacités cognitives.

Leur utilisation excessive augmente également les symptômes d'anxiété, de déprime et de dépression. Et, comme ils nous incitent en permanence à nous comparer aux autres, ils altèrent aussi notre estime personnelle. On continue ? Altération du sommeil, baisse des résultats scolaires et des performances professionnelles, problèmes de vue, qualité des relations sociales en chute libre, maux de tête... N'en jetez plus ! L'addiction aux réseaux sociaux est un fléau des temps modernes.

J'ai dessiné dans la nouvelle zone de confort en page 47, ce que j'appelle une « zone de paresse et de régression ». Cette zone de paresse est très utile, car elle représente notre droit à ne rien faire, notre droit à nous reposer, voire à régresser, pour recharger nos batteries, faire tomber la pression... Cette soupape de décompression est importante et nous devons l'assumer quand nous en avons besoin : assumer de ne pas travailler pendant une heure ou même une journée, assumer de passer un peu plus de temps au lit, assumer de manger une tablette de chocolat, assumer de passer un peu de temps sur les réseaux sociaux, assumer de lâcher prise de temps en temps.

Cette zone de paresse est donc nécessaire **ponctuellement**. Mais elle devient une zone de régression nocive si nous y passons trop de temps.

Plus tu restes dans ta zone de paresse, moins tu es dans ta zone d'apprentissage ou ta zone de renforcement ; en outre, tu altères ta zone de confiance. Bref, tu régresses. Je sais – et tu le sens tellement – qu'il n'est pas rare, après avoir perdu du temps sur les réseaux sociaux, que l'on soit de mauvaise humeur ou mécontent de soi. C'est un signe.

Donc, en te détachant de l'esclavage que constitue la fréquentation excessive des réseaux sociaux, tu quittes la zone de paresse et de régression, et tu reprends le contrôle de ta vie en retournant dans les zones d'apprentissage de confort et de renforcement.

3e stratégie : sois le capitaine de ton navire, pas de l'océan

En d'autres termes, lâche ce que tu ne peux pas contrôler.
Parmi tous les navires qui sont sur l'océan, il y en a qui arrivent à bon port quand d'autres se perdent, virent de bord, font demi-tour, coulent, vont vers le nord, d'autres vers le sud et pourtant l'océan est le même pour tout le monde. C'est donc bien la volonté à l'intérieur du navire, la stratégie, la vision du capitaine qui sont déterminantes. Pas l'état de l'océan. La prise en considération excessive de l'environnement conduit à l'immobilisme. À force d'écouter trop d'avis contradictoires, on finit par ne plus savoir quoi penser. Il y a toujours un moment où il faut revenir à soi et où il faut se faire confiance pour prendre la bonne décision !

Tu as remarqué ?
Nous passons notre vie à nous soucier du regard des autres et de leurs opinions ; à nous préoccuper de ce qu'ils font ou de ce qu'ils pensent... Nous avons tendance à les surestimer et à nous sous-estimer.

Nous sommes parfois d'étranges créatures tellement obsédées par notre entourage et par le contexte que nous faisons reposer sur eux nos possibilités de bonheur. Ce n'est pas un hasard si l'un des premiers gestes que certains font le matin est de se jeter sur leurs e-mails ou leur téléphone. Ils veulent absolument savoir si on leur a répondu, qui leur a écrit ou qui leur a laissé un message. Et si par malchance, il n'y a pas de nouveaux e-mails, pas de nouveaux appels, ils en sont mortifiés.
C'est ce qui nous amène bien souvent à confondre l'urgent et l'important, à négliger nos propres valeurs et, par extension, à nous négliger !

Cette dépendance à l'opinion d'autrui est catastrophique, car en agissant ainsi, nous donnons aux autres le pouvoir inouï de décider de notre bonheur. Il peut arriver que nous fassions dépendre la réussite d'une journée sur une réponse à un e-mail ou un appel. Reconnais que c'est absurde et totalement délétère. Quand nous faisons cela, nous sommes dans notre espace d'inconfort que nous autoalimentons. Je suis toujours frappée du calme intérieur et de l'alignement des personnes qui ne sont pas esclaves de l'agitation du monde et qui parviennent à s'en extraire. Pour moi, ce sont les sages contemporains.

Souviens-toi

En te détachant du regard des autres, tu reprends le contrôle de ta vie.

Nous avons tous également tendance à accorder de l'importance à des événements sur lesquels nous n'avons pas de prise et totalement indépendants de nous : le contexte !

Retard du TGV, mauvais temps, embouteillages, salle d'attente du médecin bondée...
Notre réaction première est de pester contre ces événements comme si le simple fait d'être en colère contre eux allait les dissoudre ou contribuer à changer la donne. Or, la meilleure façon de reprendre le contrôle sur ce que tu ne peux pas contrôler est de l'accepter.

Profites-en pour travailler ta zone d'apprentissage et de renforcement (comme décrit ci-dessus) ou même pour améliorer tes *soft skills* en travaillant ta patience.

4e stratégie : non, ce n'était pas mieux avant

Ne nage pas à contre-courant et cesse de regarder dans le rétroviseur. N'habite pas dans le passé, mais force-toi à résider dans l'instant présent pour mieux envisager l'avenir. Cette croyance limitante de penser que c'était mieux avant n'est qu'une illusion et une lecture erronée du temps qui passe.
Le regretté comédien Jean-Pierre Bacri avait déclaré dans une interview : « Les gens qui disent : “C'était mieux avant” se trompent et ne finissent pas leur phrase. Je crois qu'ils veulent dire : “C'était mieux avant parce que j'étais jeune”. »

Que tu le regrettes parce qu'il était flamboyant ou au contraire parce que tu as le sentiment de ne pas l'avoir optimisé, le passé est une carte qui ne se joue pas deux fois.
Il n'était ni mieux ni moins bien qu'aujourd'hui : il était comme il était et tu dois accepter qu'il ne puisse être changé ! D'autant que, bien souvent, c'est le souvenir que tu as qui le rend beau. Le présent n'est pas pire qu'hier, c'est ta lecture du présent qui déforme la réalité. Le présent est beau si tu décides de le rendre beau. Plutôt que de ressasser ce qui n'est plus, invite quelques

amis à dîner, va prendre un verre en terrasse avec ton amour, ou va faire un footing avec un pote, va voir un spectacle, une exposition, raconte une blague, enjolive le présent...
Dans le passé, il y a des choses que tu as réussies, d'autres, un peu moins. Le seul pouvoir dont tu disposes, c'est de réussir le moment présent.
Nager à contre-courant, vouloir désespérément revenir vers ce qui n'est plus, c'est épuisant. Lâche le passé, construis ton présent.

Souviens-toi

Le présent est un cadeau que tu peux déballer tous les jours, c'est pour cela qu'on l'appelle présent.

5e stratégie : stop à la procrastination

Nous avons tous souvent la mauvaise habitude de retarder la réalisation des choses importantes pour nous. C'est sans doute parce qu'elles sont importantes que nous hésitons.

Souviens-toi

Bien souvent, ce n'est pas le chemin qui est difficile, c'est l'idée que l'on se fait du chemin qui est difficile.

Pour cesser ce cercle infernal de la procrastination et arrêter de remettre à demain ce que tu veux faire aujourd'hui, tu dois :

- identifier les tâches que tu as tendance à repousser ;
- chercher les causes de cette procrastination ;

- faire une to-do list et les placer en priorité ;
- désactiver les notifications de ton téléphone et de tes e-mails pour éviter le multitâche.
- décider de t'isoler dans un lieu calme : l'agitation et le bruit sont les grands alliés de la procrastination.

La procrastination est une forme de peur et d'anxiété. Quand tu procrastines, il est probable que tu cherches à fuir des tâches peu valorisantes et qui t'ennuient ou que, au contraire, tu fuis la réalisation d'un objectif trop grand. C'est pourquoi je t'invite à lire attentivement le chapitre 11 qui consiste à découper le mammouth.
La solution est simple. Lorsque tu prends conscience que tu procrastines, je t'invite à te dire : « OK, je vais faire au moins une petite partie de la tâche. »

Note que la peur et la confiance empruntent des chemins totalement inverses : avant de te lancer dans un projet, ta peur est l'élément dominant de ton mental et ta confiance est à un niveau faible. Dès que tu commences à avancer, ta peur diminue au fur et à mesure parce que tu prends conscience, chemin faisant, que l'objectif est à ta portée, et ta confiance augmente.

Conclusion

Avec ces cinq stratégies de « passage à l'action », tu vas pouvoir te déployer sans risque dans ta zone de confort en activant les ressources qu'elle contient : des capacités d'apprentissage, tes capacités de progrès, de renforcement et en développant tes *soft skills*. Ces stratégies vont t'être d'un puissant secours pour t'éviter le piège du triangle dramatique…

Chapitre 5

Sortir du triangle dramatique des excuses

Maintenant que tu as compris que tu peux avancer sans sortir de ta zone de confort, et atteindre des objectifs ambitieux, tu peux passer à l'action, sans crainte de perdre tes acquis. Comme tu l'as vu dans le chapitre précédent, tous tes atouts pour accroître tes potentiels sont dans ta zone de confort. Tu peux ainsi optimiser tes compétences acquises et en développer de nouvelles. À partir de maintenant, tu vas travailler pour élargir ta zone de confort et oser aller vers de nouveaux objectifs !

Avant de te lancer, pas de précipitation. L'enthousiasme donne parfois envie d'aller plus vite que la musique. L'enthousiasme est une émotion forte qui nous envoie une puissante énergie, mais peut nous conduire dans l'impasse s'il n'est pas canalisé et organisé. Je suis sûre qu'il t'est déjà arrivé de te lancer dans des projets séduisants que tu as abandonnés en cours de route faute de stratégie et parce que tu t'es rapidement épuisé. Évite

de refaire les mêmes erreurs. Même si tu es déterminé, même si les choses sont claires dans ton esprit, ne fonce pas tête baissée sans réfléchir.
Garde en tête ce postulat pour ne pas te décourager si les résultats ne viennent pas exactement quand tu le souhaites.

Ton aventure va peut-être débuter par des échecs, c'est normal ! Tu vas ainsi tester ta résilience et ta détermination et ta capacité à apprendre de tes erreurs. Le parcours vers la réussite n'est pas un chemin facile et semé de roses.

Si tu n'intègres pas l'hypothèse de l'échec, si tu ne l'acceptes pas, je t'invite à refermer immédiatement ce livre : tu n'atteindras jamais ton but.
Nous verrons plus loin dans le chapitre « Inspire-toi des perdants ! » les apprentissages et les bienfaits des échecs.

Souviens-toi que tout le monde, absolument tout le monde, a échoué une ou plusieurs fois dans sa vie.
Churchill l'avait bien compris quand il écrivit : « Le succès, c'est aller d'échec en échec sans perdre son enthousiasme ! »
Et j'ajoute : « Sans chercher d'excuses ! »

Car, reconnaissons-le, nous sommes tous très forts pour trouver des excuses dès lors qu'un événement ne se passe pas tout à fait comme nous l'avions prévu. C'est l'exercice le plus communément partagé. Lorsqu'on refuse de reconnaître notre responsabilité, notre paresse, notre manque de préparation, notre précipitation, notre absence de stratégie..., vite, nous brandissons une excuse, et en général nous accusons les autres, le contexte, la météo pourquoi pas... C'est tellement pratique.
En réalité, nos excuses ne sont rien d'autre que l'arbre qui cache la forêt de notre impréparation et donc de nos manquements. Mais plutôt que de le reconnaître, plutôt que de nous

remettre en cause, nous nous abritons sous ce parapluie ou derrière ce paravent tellement commode pour échapper à nos responsabilités.

Nous avons tous un jour ou l'autre cédé à cette facilité. Avant d'admettre que les excuses ne sont que des prétextes, des mensonges, de petites affabulations que nous racontions à nous-même et accessoirement aux autres.

Les trois grandes catégories d'excuses

Quels que soient les prétextes, les arguments, les raisons que nous avançons pour justifier un échec, un abandon de projet, un retard..., ils se regroupent en trois grandes catégories.

1. La première catégorie est l'excuse temporelle : « Pas le bon moment » (sous-entendu, trop tôt ou trop tard, circonstances non favorables...) ;
2. La deuxième catégorie est l'excuse externe : « Pas ma faute » (sous-entendu, c'est celle des autres) ;
3. La troisième catégorie est l'excuse des aléas : « Pas eu de chance » (sous-entendu, j'ai fait tout ce que je pouvais, c'est juste le destin qui ne m'a pas souri).

À ces prétextes, j'oppose trois contre-arguments imparables.

1. « Pas le moment » ? Apprends que le bon moment, le moment idéal, n'existe pas. Ce moment où toutes les planètes seraient alignées, où la conjoncture serait parfaite, où il n'y aurait aucune guerre dans le monde, pas de crise économique, pas de problème de pouvoir d'achat, pas de grèves, pas d'actualité imprévue... Ce moment parfait, il est dans tes rêves, pas dans la réalité ! Et j'aime autant te prévenir : il n'arrivera jamais !

Le bon moment, c'est quand tu le décides ! C'est quand tu es prêt à te lancer ! Quand tu as tout préparé, envisagé toutes les hypothèses, peser le pour et le contre, bref, quand tu as travaillé suffisamment, quand tu as analysé le contexte et que tu estimes avoir mis tous les atouts de ton côté. À force d'attendre des circonstances idéales, tu risques fort de procrastiner toute ta vie. Le bon moment, c'est maintenant alors que tu es en train de lire ce livre. Et si tu as ce livre entre les mains, c'est que tu es déjà en train d'élaborer des stratégies et déjà en train de réfléchir à ton prochain *step*.

2. Quand tu affirmes « Ce n'est pas ma faute », tu te mens à toi-même ! Nous avons toujours une part de responsabilité dans ce qui nous arrive. Parce que nous avons fait un mauvais choix, parce que nous avons donné notre confiance à la mauvaise personne, parce que nous avons manqué de vigilance ou encore parce que nous avons négligé les signaux d'alerte…

   Donc, ne te dédouane pas en te défaussant sur les autres. En agissant ainsi, tu te prives d'une leçon à tirer pour toi et de la possibilité de t'améliorer la prochaine fois. Admettre ta responsabilité permet de ne pas répéter tes erreurs. Que cela te plaise ou non, que tu sois d'accord ou pas, tu dois admettre que tu es coresponsable de tout ce qui t'arrive (je mets, bien sûr, à part les maladies).

   Exemple : on t'a volé ton ordinateur dans le train ? Même si c'est injuste et rageant (je sais de quoi je parle, cette mésaventure m'est arrivée il y a quelques années dans un restaurant), eh bien, tu as une part de responsabilité, tout comme j'avais la mienne lorsqu'on m'a dérobé mon ordi dans cet établissement. Après avoir maudit la Terre entière, pleuré sur mes données et documents perdus, car évidemment ma sauvegarde n'était pas à jour, je me suis demandé pourquoi j'avais commis l'imprudence d'aller dîner avec mon *laptop* (que j'avais imprudemment calé entre le dossier de ma chaise et mon dos), au lieu de prendre le temps de le rapporter chez moi ou de le placer sous la responsabilité du vestiaire. Ce jour-là, j'ai fait preuve d'une extrême légèreté. Tant pis pour moi. Depuis, je ne suis plus jamais allée dîner dans un lieu public avec un portable. J'ai admis ma coresponsabilité, et cela m'a servi de leçon.

Idem pour toi. Nous vivons dans un monde *insecure* et violent (c'est désolant, j'en conviens, mais c'est ainsi), tu le sais et tu aurais dû donc être plus vigilant.

Autre exemple : ton associé a provoqué la faillite de ta société en raison de sa mauvaise gestion ? Ou il s'est révélé malhonnête en piquant dans la caisse ? C'est aussi ta faute si tu as choisi une personne peu fiable et si tu as décidé de monter un business avec elle. Certains vont répliquer et geindre : « Oui, mais je ne savais pas au départ qu'il était mauvais gestionnaire. » Cela aussi, c'est ta faute ! Tu as donc confié la gestion de ton entreprise à quelqu'un dont tu ne connaissais pas les compétences ? Tu as été naïf, imprudent... Et tu es donc coresponsable, n'est-ce pas ?

3. La dernière catégorie d'excuses, « Je n'ai pas eu de chance », est ma préférée si je puis m'exprimer ainsi tant elle est fallacieuse et tant elle est symptomatique de la mauvaise foi dont nous pouvons parfois faire preuve. Elle est malheureusement révélatrice de la mauvaise lecture que nous avons des événements. Elle est le Graal dont on se sert pour camoufler généralement notre paresse.

   La chance est un facteur sur lequel tu ne dois absolument pas compter puisqu'elle est par définition parfaitement aléatoire et n'est que le résultat d'un heureux hasard. Certes, il y a toujours des exemples pour contredire mon assertion. Ainsi, gagner au loto est une chance incroyable, mais tellement peu probable que nous ne devons pas compter sur elle. Oui, atteindre du premier coup un objectif que l'on a décrété sur un coup de tête, ça peut arriver... Mais ne confonds pas ces heureux coups du sort avec la réalité. Tu t'exposes à de grandes déceptions si tu ne te fies qu'à eux.

En réalité, c'est ce que l'on appelle « la chance du débutant ». Un novice au poker peut battre pendant quelques parties d'excellents joueurs en les surprenant avec une stratégie aléatoire, mais sur la distance, il se fera plumer par l'expertise, des années de pratique et de connaissances des probabilités.

Il existe toutefois des stratégies pour favoriser l'apparition de la chance. C'est ce que l'on appelle en PNL (programmation neurolinguistique), « l'alignement ». J'y reviendrai en détail un peu plus loin, dans un autre chapitre. Mais en résumé, « l'alignement, au sein d'une personne, consiste à mettre nos actions, nos compétences, notre motivation et les autorisations que nous nous accordons au service d'un but unique ». Lorsqu'un être humain est déterminé, préparé, centré sur un objectif, tout l'univers contribue à sa réussite. Et la chance apparaît. Lorsque tu as tout préparé, tout anticipé, tout coordonné, la chance vient s'inscrire elle aussi dans ton énergie. Elle se manifeste si tu sais de manière précise ce que tu veux dans la vie. On appelle ça la congruence ou la synchronicité selon les cas. Elle vient s'insérer dans un cercle vertueux de travail, d'énergie et de positivité.

C'est la balle qui retombe du bon côté du filet dans un match de tennis. C'est la bonne rencontre qui survient au bon moment. C'est un courrier avec une réponse positive que l'on n'espérait pas...

En d'autres termes, plus tu travailles dur, plus tu prépares, plus tu anticipes, plus tu te donnes les moyens... plus la chance advient.

Un jour, une femme dirigeante des médias que j'accompagnais en coaching m'a déclaré à propos de la réussite de sa société de production : « J'ai eu la chance de rencontrer les bonnes personnes. » Je lui ai demandé de répéter sa phrase. Elle était surprise, mais elle a obtempéré. Je lui ai alors simplement demandé : « Tu es sûre ? » Son regard a quitté le mien pour le perdre vers le plafond (ce qui est le signe non verbal d'une prise de conscience) et après quelques secondes de réflexion, elle a fini par rectifier. « Effectivement, je n'ai pas eu de la chance, je me suis donné la chance de rencontrer les bonnes personnes en fréquentant assidûment des lieux où je pouvais croiser des gens susceptibles de favoriser mon entreprise. »

Tu saisis la différence ?

Ma coachée a fabriqué sa chance en fréquentant des réunions professionnelles, des colloques, des *afterworks*... dans lesquels la probabilité de croiser les bonnes personnes dans son univers professionnel était élevée.

Elle aurait pu faire le choix de rentrer chez elle plus tôt, décider de se reposer, traîner devant la télé... Mais elle a préféré mettre tous les atouts de son côté. Il est probable que certains jours, cet effort lui a coûté et qu'elle aurait préféré rentrer plus tôt. Mais elle a persévéré. Aujourd'hui, je suis certaine qu'elle a oublié les efforts qu'elle a consentis tant elle est heureuse et fière de sa réussite.

Cet exemple illustre mon propos. Quand tu estimes que tu n'as pas eu de chance, pose-toi la question : « Me suis-je bien donné toutes les chances de réussir ? » Et, en général, si tu es honnête avec toi-même, si tu fais une analyse objective de la situation, tu comprendras vite que tu aurais pu faire plus, que tu aurais pu faire mieux...

Donc, ancre en toi ce précepte, plus tu travailles, plus tu fabriques ta chance. Bien sûr, il peut se produire d'heureux hasards, un concours de circonstances favorable, un coup de dés chanceux du destin. C'est formidable, mais c'est anecdotique. On ne bâtit pas un succès sur des aléas que l'on ne maîtrise pas. Sur le long terme, ne confie pas ta réussite au hasard.

Pour résumer, le manque de chance est souvent un manque de préparation.

Quand tu brandis l'une de ces trois grandes excuses, « pas le bon moment », « pas ma faute », « pas de chance », tu es enfermé dans ce qu'on appelle un triangle dramatique.

Comment sortir du triangle dramatique des excuses ?

Sortir du triangle dramatique est très simple. Il suffit de décider de reprendre le contrôle, c'est-à-dire de prendre tes responsabilités et de passer à l'action !

Pour que des événements différents adviennent, il faut apprendre à voir les choses différemment, il faut soi-même être différent, apprendre à penser différemment, il faut agir différemment ! Et ainsi sortir du cercle vicieux situé dans le triangle (voir le schéma page 73).
En sortant de ce triangle, tu sors de la victimisation. Les personnes qui ne se victimisent plus se responsabilisent. Comme elles changent de paradigme, tout change alors autour d'elles.

En agissant ainsi, tu te libères du regard des autres, tu reprends en main la direction de ta vie, tu reprends le pouvoir.

Souviens-toi

Change, et tout changera autour de toi.

Tu as le pouvoir de changer les choses autour de toi si tu commences toi-même à changer.

Te voilà donc sorti du triangle dramatique des excuses et non de ta zone de confort. Que de progrès sans mises en danger, n'est-ce pas ? Nous allons donc pouvoir passer à la suite…

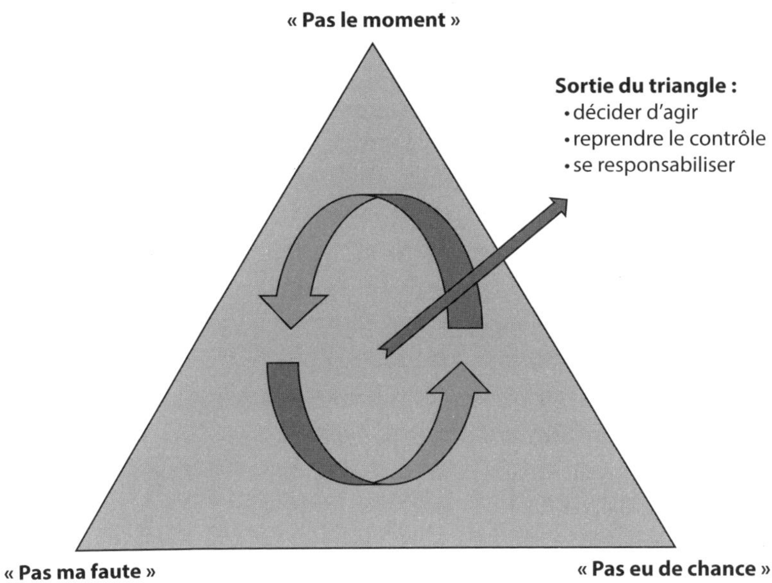

Le triangle des excuses

Souviens-toi

Arrête de chercher des excuses, cherche des solutions !

Chapitre 6

À la recherche du temps (pas) perdu

Maintenant que tu as compris comment éviter de tomber dans le piège du triangle dramatique des excuses, tu vas avoir besoin de temps. Du temps pour toi, du temps pour réfléchir, du temps pour t'organiser, du temps pour te projeter vers ce que tu veux réellement, et des temps calmes pour t'extraire de l'agitation du monde… Tu vas donc devoir fabriquer ce temps, apprendre à te dégager de l'espace et à l'utiliser à bon escient. Être dans ta zone de confort est parfait pour y réfléchir sereinement.

Car, tu l'as compris, pour rester dans ta zone de confort, ne fais pas les choses à l'envers, prépare, réfléchis, planifie avant d'agir.

Le temps est un trésor qui t'est offert tous les jours ! Mais le temps a la fâcheuse habitude de filer vite, très vite, trop vite… Qu'attends-tu ?
Chaque matin, tu as droit à un crédit de 24 heures, soit 1 440 minutes, soit 86 400 secondes. OK, enlevons les six à huit heures de sommeil incompressibles : il reste donc

environ 17 heures optimisables, soit 1 020 minutes, soit 61 200 secondes.
À la fin de la journée, tout sera dépensé, consommé, évaporé, quoi que tu en aies fait...
Mais, par chance, chaque jour, le compteur est remis à zéro.

Il est malheureusement impossible d'épargner du temps comme on peut épargner de l'argent, le mettre de côté pour l'utiliser plus tard, le conserver dans une tirelire ou un coffre-fort...
Quoi que tu fasses, il s'égrène, seconde après seconde, et il est impossible de le retenir...
Imperturbablement, il poursuit sa course, plus ou moins rapidement, selon que nous trouvons qu'il passe vite ou lentement.
Il est donc fondamental d'utiliser ce temps qui t'est offert à bon escient.

Mais ce qui pouvait sembler simple à une époque ne l'est plus du tout de nos jours.
Nous vivons dans un monde où les sollicitations sont multiples, omniprésentes, envahissantes... Elles accaparent notre énergie, notre temps de cerveau disponible (pour reprendre une fameuse expression de Patrick Le Lay, ancien P.-D.G. de TF1), elles pompent nos ressources intellectuelles et sapent notre capacité à prendre du recul.
Entre les réseaux sociaux, la télévision, les écrans..., nous avons tous pris l'habitude de gaspiller notre temps avec ses aimants à attention, tant il devient de plus en plus difficile de résister à leurs sollicitations permanentes.

Or, la vraie liberté aujourd'hui consiste à ne plus être esclave du temps, et à parvenir à s'organiser pour le rendre extensible.
Est-ce que tu as remarqué que dans une journée de 24 heures, certains sont capables d'enchaîner plusieurs activités sportives, familiales, professionnelles, sociales, apparemment sans

difficulté et sans stress… dans leur zone de confort… quand d'autres piétinent et en font quatre fois moins ?
Quel est leur secret ?

Mais, et c'est la belle surprise de ce livre, tu vas découvrir qu'il est possible de rallonger tes journées. C'est ce que j'appelle le temps qualitatif optimisé.

Ce qui est important (donc prioritaire) *versus* ce qui est urgent

L'important est tout ce qui contribue à concrétiser notre mission, à développer et faire avancer nos objectifs prioritaires.

L'urgent correspond aux tâches qui requièrent une attention immédiate, auxquelles nous devons réagir instantanément. Il faut les accomplir, mais elles ne doivent pas être confondues avec nos tâches prioritaires : il faut donc leur accorder un temps déterminé et ne pas se laisser envahir par elles.

Les personnes qui réussissent ont un secret : elles « priorisent leurs priorités ». Cela semble tomber sous le bon sens, mais peu de personnes font cela. La plupart se laissent submerger par les tâches urgentes et en oublient leurs priorités. Cette différence explique que certains avancent dans leurs projets et d'autres stagnent.
Chez ceux qui réussissent, les priorités sont toujours placées en haut de la pile.

Prenons un exemple d'une série de tâches à accomplir dans une journée classique :

- faire des courses pour remplir le frigidaire ;
- payer la facture EDF ;

- envoyer mon devis à un client prêt à me confier une mission ;
- prendre rendez-vous avec un des professeurs de ma fille ;
- réserver les places de théâtre ou de cinéma pour ce week-end ;
- envoyer un e-mail à une relation professionnelle, experte dans mon domaine et susceptible de m'aider à faire avancer mon business ;
- passer chez le cordonnier ;
- écrire une lettre de motivation et refaire mon CV pour répondre à cette offre d'emploi qui m'intéresse ;
- payer la femme de ménage ;
- aller à un *afterwork* professionnel ;
- penser à faire réviser la chaudière.

En lisant cette liste, tu perçois tout de suite que si tu places toutes ces tâches, en file indienne, sur le même plan, sans les hiérarchiser par ordre d'importance, tu as de fortes probabilités de passer ta journée à faire des actes subalternes, en délaissant les essentiels.
Ne cherche pas ailleurs les raisons de ton insatisfaction quand parfois tu es frustré en fin de journée après avoir remarqué que tu t'es laissé happer par des tâches insignifiantes et que tu n'as pas donné la priorité à tes priorités.
Pour éviter cet écueil, il existe plusieurs méthodes, et de nombreuses lois ont été édictées, car depuis la nuit des temps, nombreux sont ceux qui se sont penchés sur la fuite du temps et sur les techniques pour le dilater.

Je t'en proposerai seulement deux dans ce livre : « la matrice d'Eisenhower » et, en toute immodestie, dans le chapitre suivant... la mienne ! Baptisée « déplier le temps pour le rendre élastique ».

Bien sûr, en parcourant le web, tu en trouveras des dizaines d'autres.

Avant d'entrer dans le vif du sujet, et pour t'apprendre à bien utiliser la matrice d'Eisenhower, il est indispensable que tu connaisses la différence entre le travail prescrit et le travail réel.

- Le **travail prescrit** rassemble toutes les tâches déterminées à l'avance, comme les objectifs annuels, les missions de ta fonction, les résultats attendus... en d'autres termes, ce qui est déterminé soit par contrat écrit avec ton entreprise, soit par contrat moral avec toi-même pour aller vers ton objectif.
- Le **travail réel** rassemble les actions que tu dois mettre en place pour réaliser le **travail prescrit**. Clair ?

Exemple. Si tu es commercial et que ton **travail prescrit** (celui déterminé par ton employeur) consiste à vendre des voyages à des comités d'entreprise avec un objectif de chiffre d'affaires, ton **travail réel**, lui, consistera à mettre en place des stratégies pour réussir ta mission : envoyer des e-mailings à tes clients ou des prospects, contacter les comités d'entreprise, fixer des rendez-vous pour leur présenter des propositions de voyage, puis les relancer, leur vendre un voyage..., etc., etc.
Le travail réel relève ta responsabilité, de ta capacité à prendre des décisions, à être autonome et à agir dans le sens de tes intérêts, etc., etc.
Tu peux avoir un objectif personnel, un objectif prescrit par toi-même. Par exemple, perdre 6 kg, et ton objectif réel chaque jour consistera à éviter le sucre, à supprimer l'alcool, à acheter des aliments pauvres en graisse, pour te rapprocher de ton objectif prescrit.

La matrice d'Eisenhower, c'est quoi ?

La matrice d'Eisenhower est à la fois simple et puissante. Surtout, elle demeure valide à notre époque bien qu'elle ait été édictée durant la Seconde Guerre mondiale.
D'ailleurs, c'est en l'étudiant et en l'adaptant à mes nécessités et à mon style de vie que j'ai élaboré ma propre méthode pour optimiser au maximum mon temps durant la journée. J'ai, depuis, l'impression que celui-ci est un élastique que je peux étirer en fonction des tâches que j'ai à réaliser. Ce sentiment d'avoir en quelque sorte la maîtrise des horloges et de pouvoir optimiser mon temps est très énergisant. Bien sûr, les choses ne se passent pas toujours comme je souhaiterais, et je connais comme tout le monde des retards ou des contretemps. Mais lorsque je me lève tous les matins (très tôt), j'ai la sensation euphorisante d'une page blanche que je peux remplir à ma guise et que je peux optimiser et réaliser, si je m'organise bien.

Souviens-toi

Il n'y a pas d'efficacité sans discipline.

Il n'y a pas de discipline sans volonté.

Commençons par la matrice d'Eisenhower.

Dwight D. Eisenhower fut le 34e président des États-Unis. Il a été élu le 4 novembre 1952, réélu en 1956 puis battu par Kennedy en 1960.

Avant d'être président, il fut général de l'armée américaine durant la Seconde Guerre mondiale, commandant des forces alliées en Europe lors du débarquement en Normandie à partir

du 6 juin 1944. Lors de la préparation de cette gigantesque opération à la logistique compliquée, il aurait utilisé une méthode l'aidant à prioriser ses tâches, pour organiser la multitude de problèmes posés par les enjeux du débarquement. Cette méthode repose sur une idée qu'il a alors édictée : « Ce qui est important est rarement urgent et ce qui est urgent est rarement important. »
Cette matrice porte désormais son nom : la matrice d'Eisenhower.

Sa matrice est en réalité un quadrant tout simple (qui prouve une fois de plus que les idées les plus simples sont souvent les meilleures).
Elle est particulièrement efficace pour :

- la gestion du temps ;
- l'organisation du travail ;
- l'aide à la prise de décision ;
- les choix des tâches à déléguer.

Son postulat est que, lorsque nous souhaitons structurer notre travail de façon rationnelle et méthodique, nous sommes confrontés à une multitude de sollicitations et à un flot d'informations qui nous amène parfois à ne plus percevoir le degré d'importance et d'urgence de telle ou telle tâche. Il a donc conçu ce quadrant, sa fameuse matrice, pour distinguer nos priorités, organiser et planifier notre travail autrement qu'en fonction de la chronologie des événements.
Son objectif est donc de nous faire gagner du temps en ayant une meilleure gestion de ce dernier. Elle repose sur deux dimensions distinctes :

- l'important et le pas important ;
- l'urgent et le pas urgent.

Voici son schéma.

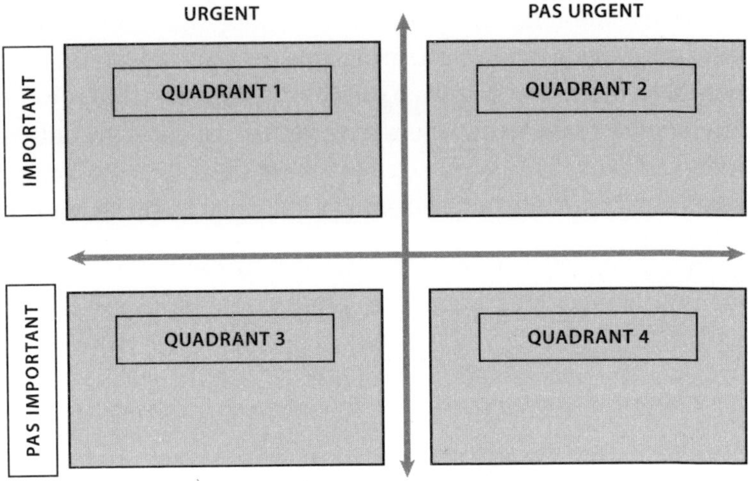

La matrice d'Eisenhower

Comment utiliser cette matrice et surtout comment y classer tes tâches ?

Voici quelques tips :
L'**important**, comme on l'a vu plus haut, ce sont les tâches liées à nos résultats. C'est-à-dire celles qui contribuent à concrétiser notre (nos) objectif(s) prioritaire(s) et à les faire avancer.
Et l'urgent correspond aux tâches auxquelles nous devons réagir instantanément.

Dans le quadrant 1 « Important & Urgent », place les tâches prioritaires : la gestion de crise, la gestion des objectifs importants, le respect des *deadlines*, les appels et les rendez-vous importants, sans oublier les problèmes urgents qui nécessitent une réponse immédiate.

Les tâches inscrites dans le quadrant 1 doivent être réalisées sans délai. Elles constituent la priorité des priorités. Elles sont essentielles pour l'avancement de ta mission et de ton objectif. Quelle que soit ton organisation du moment, tu dois l'adapter et la modifier pour les mener à bien en priorité. Bien sûr, elles ne peuvent être réalisées par personne d'autre que toi, car tu dois être certain du résultat final, compte tenu de leur importance pour ton objectif. Tu ne dois pas finir ta journée sans les avoir réalisées.
Exemples concrets :

- répondre à des e-mails importants ;
- envoyer des e-mails importants ;
- rendre un dossier décisif ;
- aller à un rendez-vous chez le médecin.

Précision : plus tu anticiperas ces tâches, plus tu verras que tu seras en mesure de les planifier et plus tu pourras les déplacer dans le quadrant 2.

Dans le quadrant 2 « Important & Pas urgent », place des tâches dites « clés », c'est-à-dire en lien avec la préparation et la planification de ton objectif. Place aussi les moments de réflexion à propos de ta stratégie.
Ce quadrant 2 est très important, car c'est là où sont placées les tâches qui sont à la source de ton épanouissement et de ta réussite (professionnelle ou personnelle).
En travaillant avec mes coachés sur la façon d'optimiser leur temps, j'ai observé que la plupart d'entre eux avaient tendance à repousser les tâches situées dans ce quadrant 2 pour privilégier les urgences du quadrant 3. Cette erreur vient de la confusion que nous faisons entre ce qui est important et ce qui est urgent. Si tu décides d'en déléguer une ou deux, contrôle et supervise de près leur réalisation.

Exemples :

- faire du sport ;
- planifier ta semaine ;
- réfléchir à un nouveau projet ;
- prendre des nouvelles de la famille ;
- faire une heure de piano ou de yoga ;
- caler des rendez-vous (professionnels, médicaux, amicaux...).

Dans le quadrant 3 « Pas important & Urgent », on trouve les tâches qui, malgré leur caractère urgent, peuvent attendre. Ce sont surtout des tâches que tu peux déléguer puisque leur degré d'importance est moindre. Car elles te font perdre du temps, ce temps précieux dont tu as besoin pour les tâches importantes. Les déléguer tout ou partie va te désencombrer l'esprit. Il faudra juste t'assurer à la fin de la journée que la personne à qui tu les as confiées s'en est bien acquittée. Et si ce n'est pas le cas, reprogramme-les au lendemain. Les tâches du troisième quadrant sont trompeuses, car lorsqu'on les a réalisées, on a le sentiment d'avoir été productifs, mais après analyse, on s'aperçoit qu'elles sont plus chronophages qu'importantes.

Ce quadrant a un effet miroir valorisant : comme tu réponds aux e-mails, comme tu rappelles, comme tu rends service, comme tu es visible sur les réseaux sociaux... tu as une image sympathique et appréciée... au détriment de tes véritables objectifs.

Exemples :

- réaliser les formalités administratives ;
- traiter certains e-mails ;
- traiter certains appels téléphoniques ;
- mettre à jour des réseaux sociaux ;
- aider un proche à résoudre un problème urgent pour lui.

Dans le quadrant 4 « Pas important & Pas urgent », on retrouve les tâches dites parasites, inutiles, non productrices de valeur et génératrices de perte de temps. Tu ne dois ni les faire toi-même ni les déléguer, mais tout simplement les oublier et les mettre à la poubelle ! Ces tâches ne sont pas constructives et ne te rapprochent pas de ton but.
Les tâches du quadrant 4 sont parfaitement inutiles, mais terriblement chronophages et addictives. Certaines études montrent que l'on y perd deux à cinq heures par jour ! C'est colossal. Les éliminer est la première chose que tu dois faire si tu veux rendre ton temps élastique et l'étirer au maximum pour toi et ton propre profit. Zappe-les !

Exemples :

- scroller sur les réseaux sociaux et commenter les *posts* de tes copains ;
- regarder la télé ;
- jouer en ligne ;
- passer du temps sur ton smartphone ;
- colporter des rumeurs.

Les bénéfices de la matrice d'Eisenhower sont immédiats dès que tu réalises que tu peux supprimer toutes les tâches du quadrant 4 et déléguer la plupart de celles du quadrant 3. Instantanément, ta journée va se rallonger de deux à quatre heures ! C'est énorme et ça change tout pour toi ! Tu vas pouvoir les utiliser pour faire avancer tes projets, pour ton bénéfice personnel, pour développer ta réussite et faire monter le curseur de ton échelle de bonheur.

Je t'avais promis que ce chapitre aiderait à apprendre à « fabriquer » du temps supplémentaire sans sortir de ta zone de confort. Promesse tenue !

CHAPITRE 7

Comment « déplier le temps » et le rendre élastique

À côté de la puissante matrice d'Eisenhower, ma méthode va te paraître un peu spartiate et ascétique. Mais elle me procure tellement de bien-être et elle me donne une telle énergie pour avancer dans mes objectifs que je ne résiste pas à l'envie de la partager avec toi. Avec ma stratégie qui peut, bien sûr, être combinée avec l'outil précédent, la matrice d'Eisenhower, j'ai le pouvoir de « déplier le temps ».

Le *early morning*

Je suis depuis plusieurs années une adepte du *early morning* (qui signifie littéralement « tôt le matin »). J'aime – je devrais même écrire « j'adore » – me lever extrêmement tôt.
La sonnerie du réveil n'est pour moi jamais une source de stress, mais une source de plaisir. Parfois même, je la devance en ouvrant les yeux quelques minutes avant qu'elle retentisse.

En général, je suis impatiente de commencer ma journée. D'ailleurs, « se lever de bonne heure » peut s'entendre aussi comme « se lever de bonheur ». Est-ce un hasard ?

Je programme en général mon réveil entre 5 h et 5 h 30. Je me couche la plupart du temps avant 22 h 30 (parfois bien plus tôt quand je n'ai pas de dîner à l'extérieur). N'ayant pas besoin de plus de six heures de sommeil, je me réveille généralement contente et en pleine forme. Certains diront que je n'ai pas de mérite, car j'ai la « chance » de faire un métier que j'aime. Certes, mais cette « chance », j'ai beaucoup travaillé pour me la fabriquer. Je récolte donc aujourd'hui le fruit de mon labeur (j'y reviendrai plus loin).

Dans son livre best-seller, *Miracle Morning* (2012), Hal Elrod affirme que se lever tôt permet de gagner en productivité, d'augmenter sa créativité et de booster son énergie. Je confirme ! Se lever tôt abaisse également notre niveau de stress. La raison en est simple, lorsqu'on se lève de bonne heure, on est connecté à son horloge biologique.

Outre le gain de productivité, l'énorme avantage du *early morning* est l'absence de distraction sociale. Même les réseaux sociaux sont endormis à cette heure-ci.

Le *early morning* m'offre un espace-temps supplémentaire d'environ deux heures. C'est ce que j'appelle aussi « déplier le temps », je profite ainsi de ce temps supplémentaire à ma disposition pour faire avancer mes différents projets.

Après une nuit de sommeil, l'énergie du matin est comme la rosée, fraîche et tonique.

Beaucoup de personnalités connues pratiquent le *early morning* : c'est le cas de Tim Cooks, patron d'Apple, d'Anna Wintour, papesse de la mode et directrice du *Vogue* américain,

de Bill Gates, créateur de Microsoft, de l'actrice Jennifer Aniston, de l'animatrice Oprah Winfrey. Certains d'entre eux démarrent leur journée à 4 h du matin.
Si tu décides d'adopter cette routine du *early morning*, il est conseillé de la commencer par une petite activité physique : des assouplissements, du yoga, du vélo d'appartement si tu en as un, sortir marcher ou courir dans ton quartier... Si c'est l'hiver et qu'il fait froid, tu peux tout simplement faire des étirements chez toi, bouger tes bras, étirer la nuque... juste pour sentir ton corps et l'aider à se mettre en marche lui aussi.

Bien sûr, si tu as bien compris les leçons de la matrice d'Eisenhower, ce temps de *early morning* ne doit pas être gaspillé en tâches non urgentes et non importantes (scroller sur les réseaux sociaux, régler une facture EDF...).
Consacre ce temps offert, cette avance que tu prends alors que tout le monde dort encore, à l'avancement de tes projets, à noter des idées, à faire travailler ta créativité, au travail réel qui consiste à faire avancer tes objectifs.

Souviens-toi

Le *early morning* est un excellent moyen de t'accorder davantage de temps pour toi. Durant ce laps de temps supplémentaire, tu peux réfléchir, écrire tes idées, visualiser tes objectifs et multiplier tes chances de les atteindre. Tu vas faire des progrès spectaculaires.

Et le soir alors ?
Je sais bien que certains affirment « être du soir », et trouver leur force créative en fin de journée. Je comprends très bien leurs

arguments. Les enfants couchés, les appels téléphoniques en berne, les tensions de la journée retombées..., leur esprit est libéré pour la réflexion et pour se consacrer à leurs projets. Il est d'ailleurs prouvé que l'on mémorise mieux le soir, notamment lorsqu'on lit un texte que l'on a besoin de retenir, avant de s'endormir. Et les étudiants pratiquent beaucoup cela. Qu'importe finalement, l'essentiel est d'arriver à se dégager des plages de temps à soi. Et si tu préfères le soir, c'est OK !

La stratégie du timing de la journée

Combiné au *early morning*, j'ai pris l'habitude de « timer » ma journée. Autrement dit, je prévois d'attribuer un temps T à chaque tâche que j'ai à accomplir. Quand ce temps est écoulé, que j'aie fini ou non cette tâche, je passe à la suivante.

Attention : inutile d'accorder un espace-temps trop vaste aux tâches que tu estimes importantes pour l'avancement de tes projets. Souviens-toi qu'après deux ou trois heures passées sur un même sujet, ta capacité d'attention diminue. Pour optimiser ton énergie, accorde donc moins de temps aux choses que tu as à faire.
Les neurosciences ont montré que l'on est plus efficace lorsqu'on a moins de temps que prévu pour accomplir une tâche : on va alors *straight to the point* comme disent les Anglo-Saxons, « droit au but » !

Ce livre est évidemment ancré dans la réalité et donc pragmatique. Si vraiment tu as besoin de quelques minutes de plus pour la terminer, parce que tu es sur une partie importante de cette tâche, tu peux bien sûr la prolonger de ces quelques minutes pour achever juste cette partie importante. Mais dans ce cas, tu écourteras le temps prévu pour la tâche suivante pour ne pas tomber dans le fameux « syndrome de médecin ». En procédant ainsi, seule la tâche suivante est décalée et comme tu l'interrompras au temps prévu initialement, celle d'après débutera à l'heure.

D'abord, parce qu'en appliquant cette technique, tu t'épargnes beaucoup de stress : cette sensation désagréable que toute ta journée est décalée. Cela t'évitera de t'énerver, de courir entre chaque rendez-vous au risque de tomber, d'oublier ou de perdre quelque chose... ce qui aura pour conséquence d'augmenter encore ton stress. Et ainsi de suite.
C'est ce qui explique que tu arrives parfois en fin de journée chez toi « au bout du rouleau », épuisé nerveusement, à cran...

Quand je parle de « syndrome du médecin », je suis certaine que tu vois ce que je veux dire. Tout le monde a déjà atterri au moins une fois dans sa vie dans la salle d'attente bondée d'un praticien. La raison en est simple : le premier rendez-vous du médecin a été retardé de quelques minutes, le suivant aussi, et ainsi de suite. À la fin de la journée, il fait attendre sa patientèle des heures. Insupportable !
Personnellement, j'ai arrêté de me rendre chez les médecins qui ne savent pas gérer leur planning. La première question que je pose à l'assistante d'un professionnel de santé, qu'il soit dentiste, chiropracteur, médecin généraliste, radiologue, qu'importe... est : « Y a-t-il beaucoup d'attente ? » Et si je m'entends répondre : « Ouh là, ça, je ne peux pas vous le dire ! C'est très variable », je refuse aussitôt le rendez-vous. L'incapacité à gérer un planning est pour moi une forme d'incompétence et un manque de respect. Comme si nous n'avions que cela à faire, de perdre du temps dans une salle d'attente !
En revanche, si une assistante médicale me répond de façon professionnelle et bienveillante : « Nous faisons au mieux pour

tenir les horaires, et si jamais il y a un retard trop important, je préviens les patients. » Dans ce cas, j'apprécie à la fois le professionnalisme et l'assertivité de mon interlocutrice, et évidemment je prends le rendez-vous.

Pour finir et pour te montrer que le découpage de ton agenda te permet de vivre une journée sans stress et sans retard, j'ai décidé de te donner l'exemple d'une de mes journées. Comme tu vas le voir, elle ressemble certainement à la tienne.

- Ce matin, le réveil sonne à 5 h 30, je commence par une petite séance d'étirements et d'abdos de 20 minutes.
- Ce qui m'amène à 5 h 50, je prends un café et des fruits secs dans un yaourt végétal jusqu'à 6 h.
- De 6 h à 7 h 30, je m'installe devant mon ordinateur pour poursuivre l'écriture de mon livre en cours ou rédiger un article attendu par un de mes employeurs, car décrypter une interview est un travail fastidieux et chronophage que j'ai tendance à repousser...
- À 7 h 30, je vais réveiller ma compagne et comme tous les matins je prévois de passer une vingtaine de minutes avec elle pour discuter et partager un petit déjeuner. Ce matin, elle souhaite me parler, car elle a besoin d'un conseil : c'est important pour elle et donc pour moi, car il est crucial dans un couple de s'accorder des moments d'écoute. La discussion se prolonge jusqu'à 8 h 15. Ce n'était pas prévu.
- Je débute donc ma deuxième séance de travail de la journée avec une demi-heure de retard. Tant pis, mais je l'arrêterai comme prévu à 11 h 30 pour ne pas décaler tout le reste de ma journée.
- En effet, à partir de 11 h 45, après une pause-café, j'ai prévu d'appeler différents contacts professionnels. J'ai pris soin de les prévenir par e-mail ou SMS afin de valider qu'ils seront disponibles dans ce créneau. Les conversations sont fructueuses et chaleureuses. Une de mes propositions d'article est acceptée et

je décroche une interview vidéo. Super ! Profitant de cette bonne énergie, je contacte d'autres relations pros. Je procède toujours ainsi lorsque j'ai une bonne énergie. Autant l'optimiser. Les bonnes ondes sont perceptibles et communicatives.

- Je suis juste agacée par un de mes contacts : il avait insisté pour que je l'appelle et il ne m'a pas répondu. Tant pis, je ne vais pas lui courir après toute la journée, même si, je le reconnais, je suis contrariée. Ce n'est pas grave, il y a toujours des déconvenues de ce genre dans une journée, je préfère me concentrer sur ce qui a fonctionné. (Surtout, je t'invite à faire pareil, car nous avons parfois tendance à dramatiser ce qui n'a pas fonctionné et nous sous-estimons ce que nous avons réussi.) Je ne vais pas laisser cet épiphénomène me gâcher la journée.
- Pendant cette demi-heure, j'en profite pour appeler également mon père qui se plaignait de douleurs au dos la dernière fois que je lui ai parlé, pour savoir si le kiné est passé comme convenu.
- Avant de partir déjeuner, je prends quelques minutes pour poster sur mon profil LinkedIn un article récemment paru dans un quotidien avec lequel je collabore. Il est bon de faire connaître au réseau professionnel mes activités, surtout quand j'estime qu'elles sont valorisantes. On ne sait jamais, ça peut donner une idée à quelqu'un d'autre. Dans ces cas-là, les réseaux sociaux sont utiles.
- Je te fais un aveu ? Juste après, je passe (je devrais plutôt écrire « je perds ») 10 minutes à scroller et à regarder la vie des autres sur Insta et FB. Bref, je fais exactement ce qu'il ne faut pas faire, c'est-à-dire les activités du quadrant 4 (pas urgentes et pas importantes) proscrites par la matrice d'Eisenhower.
- Je pars ensuite à scooter déjeuner avec une amie que je n'ai pas vue depuis quelque temps. Car entretenir les liens amicaux est aussi important qu'entretenir son réseau professionnel. Nous avons prévu de nous retrouver dans un restaurant du centre du Paris, dans le 4e arrondissement, à mi-chemin entre son bureau

et le mien. Nous déjeunons en une heure et dix minutes, et 15 minutes me suffisent pour rentrer.

- Je me remets au travail jusqu'à 16 h 30 ou 17 h.
- En général, sauf urgence ou papier commandé en dernière minute, à partir de 16 h 30 ou 17 h, j'arrête tout travail créatif et d'écriture. Je sais d'expérience que mon énergie diminue (il est vrai que je suis réveillée depuis 5 h 30) et que je suis moins efficace.
- C'est l'heure où je boucle quelques tâches administratives et mineures... Rien de bien passionnant, mais il faut le faire... Je contacte mon informaticien pour un problème de saturation de mémoire de mon ordi. Il prend la main sur mon ordinateur avec TeamViewer. Malheureusement, cela prend beaucoup plus de temps que prévu. Pour ne pas être en retard à mon prochain rendez-vous, nous convenons de finir de régler le problème demain matin à 9 h. Ça me va.
- À 18 h, j'ai un rendez-vous calé depuis quelques jours avec mon kiné. Il a 20 minutes de retard (grrr) et j'arrive à 19 h 45 un peu essoufflée à un *afterwork* professionnel. J'ai bien failli l'annuler en sortant du kiné, mais j'ai finalement bien fait de m'y rendre. Je croise pas mal de relations, et c'est plutôt agréable de discuter de façon décontractée autour d'un verre. Je retrouve des connaissances que je n'avais pas vues depuis quelque temps et nous convenons de petits déjeuners ou de déjeuners pour nous revoir... Je repars ravie et moins fatiguée que lorsque je suis arrivée (c'est souvent comme ça lorsque nous faisons quelque chose qui se passe plus agréablement que prévu : nous retrouvons instantanément de l'énergie).
- J'arrive chez moi un peu avant 21 h, un peu plus tard que d'habitude. Nous n'avons pas de dîner à l'extérieur ce soir. Après une douche et m'être mise à l'aise, je prépare un repas léger et nous nous retrouvons en tête-à-tête, ma compagne et moi.
- À 22 h 30, je vais me coucher. Un coup d'œil sur les réseaux sociaux (grrr), un peu de lecture, et extinction des feux.

- Ma journée a été normale, mais excellente. J'ai réalisé toutes les tâches que je souhaitais accomplir. Certes, il y a eu deux contretemps et un retard, mais je me suis adaptée. Et malgré cela, j'ai réussi à loger toutes les tâches programmées dans mon planning. Le problème informatique devrait être résolu demain matin. Je n'ai pas décalé mon planning. Je suis ni stressée ni fatiguée. Vivement demain !

Souviens-toi

Une organisation du temps maîtrisée contribue à une bonne santé psychologique et une bonne énergie. Le bénéfice direct est l'augmentation de ta confiance en toi.

Plus tu as le sentiment de contrôler et de développer ta vision, plus tu gagnes en confiance et en sérénité.

Avec cet exemple d'une journée type, je n'ai pas souhaité te raconter ma vie, mais te montrer comment il est possible de « déplier le temps » et loger un maximum de choses en se levant plus tôt et en découpant les tâches de sa journée. Si tu procèdes ainsi, tu vas être surpris du temps que tu vas gagner et de tout ce que tu vas réussir à accomplir.

Voilà, peu à peu, au fil de ces pages, tu comprends comment devenir plus efficient et plus performant tout en restant dans ta zone de confort, qui est aussi ta zone de confiance.
Tu te développes et développes ton savoir-faire dans un espace que tu maîtrises et dans lequel tu te sens bien.

Pour finir ce chapitre, faisons ensemble un bilan. En répondant à ces cinq questions :

1. Depuis le début de ce livre, as-tu fait des prises de conscience sur les changements à apporter dans ta vie pour te rapprocher de ton objectif ?

   Oui.

2. As-tu le sentiment de progresser et de te rapprocher de tes objectifs ?

   Oui.

3. As-tu l'impression de te mettre en danger ?

   Non.

4. As-tu eu besoin de sortir de ta zone de confort pour intégrer ses enseignements ?

   Non.

5. À la fin de ce chapitre, es-tu toujours dans ta zone de confort ?

   Oui.

Comme tu commences à le comprendre, tu peux réaliser des avancées et des progrès cruciaux tout en restant dans ta zone de confort.

À l'inverse, quand tu te sens dépassé par les événements, quand tu es désorganisé, en retard, quand tu réponds aux sollicitations de l'extérieur au lieu de te consacrer à tes priorités, tu réagis aux événements sans préparation, sans les avoir anticipés... dans ces cas-là, tu stresses, tu t'épuises ; tu es confronté à la frustration et de l'inconfort. Et c'est lorsque tu es dans l'inconfort que tu peux accomplir des actes susceptibles de t'emmener hors de ta zone de confort. J'appelle cela sortir de sa zone de confort par inadvertance. Si cela t'arrive, reviens vite à l'intérieur et continue d'agir avec méthode, c'est ainsi que tu vas progresser et te rapprocher de ton objectif et de tes rêves.

C'est pourquoi le chapitre suivant va t'aider à déterminer l'objectif adapté à tes envies et qui te fera progresser. Autrement dit, un objectif suffisamment motivant pour avoir envie de te mettre au travail, mais pas inatteignable pour ne pas risquer de te décourager.

C'est ce que l'on appelle, en coaching, un objectif « écologique » ou « bon pour toi ». Et comme tu vas le voir, trouver cet objectif va te donner une incroyable énergie positive... et t'emmener vers la réalisation de tes rêves.

Nous allons donc voir comment le déterminer, surtout comment savoir s'il est « bon pour toi ».

Mais avant je vais te raconter une histoire, le conte des gros cailloux, qui est le prolongement des deux précédents chapitres.

Chapitre 8

Les gros cailloux

La première fois que j'ai raconté le conte des gros cailloux, c'était dans un de mes livres, paru il y a une vingtaine d'années : *Petite philosophie du matin*[4]. La collection « Petite philosophie... » a connu un grand succès en France et à l'étranger, et je l'ai, avec mon éditeur René Guitton, déclinée en plusieurs ouvrages : *Petite philosophie du soir, Petite philosophie de la paix intérieure, Petite philosophie du bonheur, Petite philosophie de l'amour, Petite philosophie pour surmonter les crises*, pour n'en citer que quelques-uns...

Ces livres rassemblent des ministratégies quotidiennes, destinées à aider chacun à réussir sa journée et à surmonter avec distance les tracas du quotidien. Au milieu des 365 phrases (une par jour donc), nous avons intercalé quatre contes, placés aux changements de saison.

Ce conte d'un vieux professeur venu donner un cours sur le temps, je l'ai souvent raconté depuis, et il s'est beaucoup popularisé, car il évoque la gestion de nos priorités, ce qui nous concerne tous et que nous avons parfois du mal à discerner. Ce

4. Éditions 1, 2001.

qui n'est plus le cas pour toi maintenant que tu as lu les deux précédents chapitres.
La métaphore des gros cailloux est puissante parce qu'elle est simple, visuelle et pleine de bon sens. Elle aide d'emblée à prendre conscience comment il est facile d'oublier et de négliger ses priorités et de se laisser encombrer par la multitude de stimuli qui envahissent notre vie quotidienne. Sa force est de nous faire prendre conscience qu'il est de notre responsabilité de savoir gérer notre temps sans oublier l'essentiel. Certains de mes étudiants ont même les larmes aux yeux en l'écoutant. C'est dire à quel point il nous parle.

Il y a 25 ans, j'avais déniché cette histoire dans un vieux livre de contes sur lequel j'étais tombée par hasard. *Petite philosophie du matin* s'étant vendu à près de 50 000 exemplaires rien qu'en France, je pense sincèrement avoir contribué à sa popularité.

Je te propose de le relire et de revenir ensuite sur ses enseignements. Je le relate ci-dessous tel que je l'avais narré il y a quelques années dans *Petite philosophie du matin*. La version est quelque peu différente de toutes celles relatées depuis. Mais elle est à mon sens plus puissante, tu vas comprendre pourquoi.

Le conte des gros cailloux

Lors d'un séminaire aux États-Unis, à la célèbre université de Harvard, un vieux professeur de philosophie fut sollicité pour tenir une conférence devant les plus hauts dirigeants de la planète.
Le thème en était le temps.
Ces hommes et ces femmes responsables du destin du monde étant très occupés, le professeur ne disposait que d'une heure pour dispenser son enseignement.

Il se présenta devant cette illustre assemblée, la salua d'un sourire.
L'auditoire nota ses cheveux grisonnants, mal coupés, et son allure quelque peu fatiguée. Son apparence humble et modeste détonnait au milieu de ces dirigeants impeccablement habillés. Imperturbable, le professeur scruta les visages lentement, un par un, puis il prit la parole d'une voix douce qui contrastait avec l'attitude surmenée de son auditoire. Ses gestes posés et lents étaient autant d'incitations à la sérénité.
« Nous allons réaliser une expérience. »
Il se pencha et saisit, sous la table derrière laquelle il se tenait, un grand pot en verre transparent qu'il plaça avec précaution devant lui. Ensuite, il sortit, toujours de sous son bureau, une douzaine de galets gros comme des oranges et les déposa un par un dans le récipient. Lorsque celui-ci fut rempli et qu'il fut impossible d'y ajouter un seul caillou, il leva doucement les yeux vers l'assistance et demanda :
« Le pot est-il plein ? »
Tous répondirent :
« Oui. »
Il ménagea son effet et reprit :
« Vraiment ? »
Il s'inclina de nouveau et prit sous le pupitre un sac de graviers qu'il versa sur les galets. Il secoua légèrement le récipient et les graviers s'infiltrèrent entre les galets… jusqu'au fond.
Le professeur regarda son auditoire et demanda :
« Le pot est-il plein, à présent ? »
L'assemblée, perplexe, hésitait à répondre lorsque quelqu'un lança :
« Probablement pas !
— Bien », opina le sage.

Toujours avec d'infinies précautions, il extirpa de sous son pupitre un saut de sable dont il vida le contenu sur les pierres. Le sable s'insinua entre les gros cailloux et les graviers.
Une nouvelle fois, il interrogea :
« Le pot est-il plein ?
— Non ! » assénèrent les spectateurs qui commençaient à comprendre le manège.
Et comme chacun s'y attendait, il prit un pichet rempli d'eau qu'il déversa jusqu'à remplir complètement le récipient initial.
« Cette fois, dit-il, je crois que le pot est plein. »
Et chacun acquiesça.
« Quelle grande vérité nous enseigne cette expérience ? » demanda alors le professeur.
Songeant au thème du cours, le temps, l'un des dirigeants se risqua à répondre.
« Vous avez voulu nous démontrer que le temps est compressible et que même lorsque notre agenda est surchargé, il est toujours possible d'y ajouter des rendez-vous supplémentaires. »
Le maître sourit.
« La grande vérité que nous enseigne cette expérience est que si je n'avais pas mis les gros cailloux en premier dans le pot, je n'aurais pas pu les y faire entrer tous, ensuite. »
Un profond silence perplexe accueillit ces paroles. Chacun prenant conscience de l'évidence de ces propos, sans toutefois en comprendre le sens.
« Quels sont les gros cailloux de votre vie ? reprit le maître. Quelles sont vos priorités absolues ? En un mot, l'essentiel de votre existence ? Votre famille ? Votre santé ? Vos amis ? Réaliser vos rêves ? Vous cultiver ? Défendre une cause ? Prendre le temps ? Être heureux ? La leçon à tirer de cette expérience et qu'il faut toujours privilégier l'ESSENTIEL, sinon nous risquons de passer à côté de notre existence. Si on donne la priorité aux

peccadilles (le gravier, le sable), notre vie n'ira pas à l'ESSENTIEL. Et vous passerez à côté d'elle et, quelle que soit votre réussite professionnelle, tôt ou tard, vous le regretterez. »
L'assemblée écoutait en silence ces phrases pleines de sagesse.
« Alors, ajouta le vieux professeur, posez-vous chaque jour la question : quels sont les gros cailloux de ma vie ? Et placez-les en priorité dans votre pot. »
Sur ces dernières paroles, le vieux professeur salua son auditoire et lentement quitta la salle. Émue aux larmes par cette leçon de sagesse, l'assistance l'applaudit.

J'ai précisé avant de raconter l'histoire des gros cailloux que cette version était plus puissante que celle que tu pourras trouver sur Internet, tout simplement parce que dans cette version le professeur s'adresse à des adultes, des dirigeants blasés à qui l'on n'a *a priori* plus rien à apprendre. Et, malgré cela, ces dirigeants surqualifiés sont saisis par la puissance de la narration de ce conte.

Quelle est la morale des gros cailloux ?

Cette histoire est un véritable rappel pour nous aider à y voir plus clair dans notre vie. Elle nous invite à gérer notre temps de manière optimum, elle nous rappelle que ce temps nous est compté et que, si nous passons à côté de l'essentiel, on ne pourra plus jamais le rattraper. Elle nous rappelle qu'il est de notre responsabilité de traiter nos priorités en gérant au mieux le temps dont nous disposons. Elle nous rappelle aussi de ne pas le gaspiller, de savoir distinguer l'important du futile, l'importance de l'urgence.

Une mauvaise gestion du temps et de nos priorités peut entraîner des conséquences désastreuses et nous amener à passer à côté de ce qui nous importe réellement.
Il est donc nécessaire de distinguer l'important, ce que la matrice d'Eisenhower nous a appris dans le chapitre 6. Bien gérer ses priorités, savoir gérer son temps est essentiel pour obtenir une vie riche et épanouie, pour atteindre nos buts sans passer à côté de tout ce qui nous est cher.

À toi donc de définir tes gros cailloux !
Il est important de te pencher là-dessus avant de passer au chapitre suivant qui va t'aider à définir ton objectif, un objectif « bon pour toi ».

CHAPITRE 9

Détermine un objectif « bon pour toi » (pas pour les autres) !

Pour réaliser tes rêves en restant dans ta zone de confort, il est temps de choisir ton objectif, mais pas n'importe quel objectif : un objectif « bon pour toi ».
En d'autres termes, le moment est venu à ce stade du livre de trouver l'objectif dont la réalisation va te rendre pleinement heureux et répondre à tes aspirations les plus profondes. Car un bon objectif est un puissant activateur d'énergie.

En coaching, un objectif « bon pour toi » s'appelle un « objectif écologique ». Une façon de signifier qu'il correspond à tes valeurs, qu'il va contribuer à ton épanouissement personnel et t'aider à aller vers tes aspirations.
Je vais, dans les pages qui suivent, t'expliquer comment on choisit un objectif qui nous correspond vraiment, mais sache que tu vas le reconnaître aisément lorsque tu l'auras identifié. Un objectif en accord avec tes valeurs profondes décuple instantanément ton niveau d'engagement et d'énergie. Il déclenche

chez toi une sensation d'« alignement » très forte. Si j'osais une comparaison, je dirais que c'est un peu comme l'amour : tu SAIS et tu SENS que c'est le bon. C'est un peu comme si tu avais une révélation. Cet objectif est tellement relié à qui tu es et avec tes valeurs qu'il va te permettre de décupler tes performances. C'est une sensation qui va te transformer intérieurement.

Déterminer cet objectif va te permettre à la fois de te visualiser et de te projeter vers un futur extrêmement satisfaisant pour toi.

En effet, réussir sa vie est à la portée de tous. Chacun d'entre nous a le pouvoir de réaliser ses rêves. Encore faut-il agir en conséquence et cesser de les envisager comme des abstractions inatteignables. Les rêves sortent de l'abstraction lorsqu'on les met au travail.
Relis cette phrase : tes rêves sortent de l'abstraction lorsque tu les mets au travail.

Ce chapitre est donc fondamental et même déterminant pour t'accompagner et t'aider à progresser rapidement sans quitter ta zone de confort. Je ne sais pas si je l'aurai suffisamment répété au cours de ce livre, mais c'est bien dans ta zone de confort que tu vas trouver les ressources pour te développer et te déployer. Nul besoin de te mettre en danger pour trouver un objectif « bon pour toi ». Et tu vas voir dans les pages qui suivent que cette histoire de mise en danger pour progresser n'est que balivernes (j'adore cette expression que répétait l'une de mes grands-mères). N'écoute pas ceux qui t'incitent à prendre des risques ou à te mettre en danger. Écoute-toi, toi !

Personnellement, j'ai écrit une vingtaine de livres (et quelques best-sellers) sans prendre le moindre risque. En revanche, oui, j'ai travaillé dur. Oui, j'ai persévéré, car rien ne demande plus de constance et de détermination que l'écriture d'un livre, mot après mot, ligne après ligne, page après page. C'est une école d'humilité et de souffrance. Et, bien sûr, j'ai eu des moments d'abattement, mais je les ai surmontés. Ce qui compte, ce ne sont pas les difficultés que tu rencontres (il y en a tout le temps, des difficultés), mais seulement la façon dont tu les surmontes. Personnellement, avec le temps, les difficultés sont devenues pour moi une sorte de jeu. Je m'amuse, oui, je m'amuse, à les percevoir comme des obstacles placés sur ma route destinés à défier ma motivation. Et je me dis : « Toi, petite difficulté, tu ne m'auras pas ! Je vais te contourner ! Je vais te surmonter et je vais continuer ! »

Souviens-toi

Détermination + persévérance = succès.

Nul besoin de réaliser des exploits, de se mettre en danger, d'avoir une idée géniale, de prendre des risques inconsidérés pour réussir.
Je te le répète et je te demande d'ancrer cette certitude en toi, la réussite n'est pas un privilège réservé à une poignée d'élus qui mèneraient une vie fabuleuse et exaltante, tandis que la majorité serait condamnée à ramer dans des existences plus ternes.

Pour t'en convaincre, observe les gens de ton entourage dont tu estimes qu'ils ont réussi leur vie et ont un style de vie que tu aimerais avoir, à la fois valorisant et épanouissant.

Tu vas vite te rendre compte que ce ne sont pas des superhéros. Ils sont à peu près comme toi, ni plus intelligents ni plus beaux, pas forcément plus doués. Mais eux, ils ont réussi ! Ils n'ont pourtant rien fait de particulièrement extraordinaire (en apparence).

Si eux y sont parvenus, c'est donc que ce n'est pas inaccessible. Cette constatation est l'une des excellentes nouvelles de ce livre. Ils sont la preuve que la réussite (quel que soit le sens que l'on donne à ce terme) est un droit, un peu comme la liberté, et que tout le monde peut y accéder. Eux, en fait, ils ont réussi, car ils ont tout simplement continué et persévéré là où les autres se sont arrêtés.

Regarde aussi du côté des personnalités connues, qu'elles soient dans le monde artistique, dans le monde des affaires, dans le monde des médias... En réalité, ils sont même plutôt banals – à bien y regarder –, ceux qui ont réussi... Ce qui est différent, ce qui fait leur valeur à nos yeux (et certainement aux leurs), c'est qu'ils se sont rapprochés au plus près de ce qu'ils voulaient être. Alors, pourquoi pas toi ?

Entre toi et moi, tu n'en as pas assez, de te conformer à la masse ? De vivre une vie raisonnable que tu as choisie pour faire plaisir à tes parents ou parce que tu as voulu être ce que l'on attendait de toi ?
Tu n'en as pas assez, d'avoir la sensation de vivre à moitié ?
Si tu savais le nombre de personnes « raisonnables » qui vivent à côté de leur vie ! Ou — pire — qui se laissent aller, lâchent en cours de route, renoncent par confort ou par paresse, par manque d'engagement et de courage.

Si tu as ce livre entre les mains, c'est que tu n'es pas de ceux-là ! Toi, tu as décidé de reprendre le contrôle de ta vie, avec détermination, enthousiasme et sans risques démesurés ou inutiles. Tu vas progresser sans sortir de ta zone de confort, mais en l'élargissant. En réalité, tu vas te déployer, j'ai envie d'écrire « te déplier », pour donner ta pleine mesure.

C'est le but de ce premier objectif « bon pour toi ». Et, tu le verras, cela va fonctionner comme une évidence : non seulement tu vas le sentir en toi, mais ton entourage va le voir à la fois dans ta détermination, dans ta confiance et dans la plénitude que tu vas dégager.

Souviens-toi

Là où il y a une volonté, il y a un chemin.

À ce stade, marque une pause pour faire ta première prise de conscience.
Dans ces pages, tu viens de comprendre que tu as toi aussi le potentiel et la capacité de réussir de grands projets. Plus exactement, tu perçois que tes rêves sont à ta portée.
Si tu as la volonté de les atteindre, tu trouveras en toi les ressources.
Si tu mets en place une stratégie, tu vas progresser.
Si tu persévères, rien ne t'arrêtera.
Et, en plus, tu n'es pas obligé de sortir de ta zone de confort !

Je t'avais promis au début de ce livre des prises de conscience fortes et des surprises concernant l'ampleur de tes potentiels. Je ne t'avais pas menti puisque tu comprends à la lecture de ces pages que, ce que les autres ont accompli, tu peux l'accomplir aussi.

La différence entre ceux qui ont réussi à construire une vie riche et valorisante, et les autres, c'est que les premiers se sont donné un objectif « bon pour eux », et ils l'ont atteint.
Un objectif « écologique » est un objectif si motivant qu'il a boosté leur engagement et leur énergie. Avancer vers cet objectif a décuplé leur force vitale, leur a donné envie de se lever plus

tôt le matin, de se déployer sur plusieurs fronts, et la force de progresser chaque jour.
Cette première étape est fondamentale.

La loi de l'optimisme

Il y a néanmoins une règle commune à toutes ces personnes qui ont réussi grâce à un objectif « bon pour eux ». Une règle qui leur a permis de se dépasser et de progresser sans sortir de leur zone de confort et sans prendre de risques invraisemblables. Tu peux adopter cette règle toi aussi.
La voici :
À un moment donné, ils se sont fait confiance. Ils ont décidé, en conscience, de faire confiance à leurs capacités et ont choisi pour option de les exploiter au mieux. En d'autres termes, ils ont une vision optimiste et positive de la vie et d'eux-mêmes.
L'optimisme a nourri leur confiance en eux et cette confiance en retour a nourri leur optimisme. C'est un cercle vertueux. Et, surtout, cet optimisme leur a donné une perception positive réaliste d'eux-mêmes et de leurs potentiels.
Être optimiste, c'est envisager les possibilités et les solutions.
Être pessimiste, c'est se focaliser sur les difficultés et les excuses.

Certes, tu peux manquer d'assurance à un moment ou un autre, ce n'est pas grave. Douter fait partie de la vie. Ça permet de marquer un temps de pause, de réfléchir, de te poser des questions, mais il ne faut surtout pas rester enfermé dans tes doutes. Comme tous ceux qui ont atteint leurs objectifs, utilise-les comme un marchepied, mieux, comme un tremplin.
L'optimisme, ce n'est pas nier la possibilité d'échouer. C'est en accepter sereinement l'éventualité et savoir que tu as en toi les ressources pour affronter et surmonter l'échec.

« Oui, je peux tomber ! Mais ce n'est pas grave, car je sais comment me relever. »
Avec une telle philosophie, pourquoi craindre la chute ?

Être optimisme, c'est se faire confiance, c'est transcender ses doutes et croire en soi. Toutes les personnalités et les leaders, tous ceux qui ont réussi ont cette philosophie en eux.
Il est fondamental que tu ancres cet optimisme en toi ou au moment de choisir ton objectif. Par ailleurs, tout apprentissage, et tout sentiment d'évoluer contribue à élever notre niveau de bonheur.

Ainsi, apprends à changer de verbatim. Les mots, la façon dont on les formule, ont un pouvoir considérable sur le cerveau. Alors, puisqu'ils ont du pouvoir, adopte les bons mots, ils nourrissent ton optimisme au lieu de l'abîmer.

Quelques exemples :

Ne dis plus :	***Dis plutôt :***
Oui, mais...	Oui, et...
Je dois... il faut...	Je choisis de...
Je renonce.	J'opte pour une autre approche.
C'est trop compliqué.	J'y vais pas à pas.
Je ne vais pas y arriver.	Je vais tenter.
J'ai peur...	Je peux essayer.
Si seulement...	La prochaine fois...
Ne t'inquiète pas.	Rassure-toi.

Et ainsi de suite... De manière générale, évite les formulations négatives et remplace-les par des assertions positives.

La question que tu te poses maintenant est donc logiquement :
Qu'est-ce qu'un objectif « bon pour moi » ?
Et quel est mon objectif « écologique » ?

Un objectif « bon » ou « écologique » est donc, tu l'as compris, un objectif ultramotivant, qui te donne l'envie de bondir de ton lit avec enthousiasme le matin. C'est un objectif porteur de sens, qui va chercher dans tes ressources internes la force de te « déplier » et de développer tes performances.

Note que les sportifs ne procèdent pas autrement lorsqu'ils se préparent pour une compétition, dans laquelle ils veulent battre un record, améliorer leur chrono, être meilleurs que leurs adversaires... La perspective de se retrouver sur le podium, d'être meilleurs que leurs concurrents et d'avoir une médaille... tout cela contribue à faire de leur objectif un objectif écologique parce que le dépassement de soi et la performance sont dans l'ADN du sport. Ils sont donc en parfait accord avec leurs valeurs lorsqu'ils s'entraînent davantage, plus durement, plus longtemps, lorsqu'ils s'alimentent mieux pour optimiser leur mental et leurs performances, lorsqu'ils se font masser, lorsqu'ils s'échauffent avec soin... Ils mettent toutes les chances de leur côté pour réaliser un exploit. Je peux te certifier que le curseur de leur niveau de bonheur, d'enthousiasme et d'engagement est au plus haut.
Je te certifie aussi qu'ils ne sortent pas de leur zone de confort. En faisant tout ce que je viens de citer, ils élargissent leur zone de confort, ils se déploient et déplient le spectre de leurs possibilités. Car un sportif qui sort de sa zone de confort risque tout simplement de se blesser.

Souviens-toi

Un objectif « bon pour toi » est reconnaissable au fait qu'il augmente instantanément ton niveau de bonheur et d'énergie.

C'est un objectif suffisamment stimulant pour te donner l'énergie de te mettre en mouvement, et de développer tes capacités mentales et comportementales pour l'atteindre.
Et dont tu sens que, si tu l'atteins, il va modifier profondément des choses en toi et dans ta vie.
Et, enfin, son accomplissement te rendra fier de toi. Il va augmenter ton estime personnelle, car tu auras la sensation ultrasatisfaisante d'avancer et de progresser chaque jour.

Du cercle vicieux vers le cercle vertueux

Le choix de cet objectif permet d'en finir avec le rétropédalage qui t'enferme dans un cercle vicieux. Quand tu te mets en marche vers « ton » objectif, c'est le moment où tu commences à pédaler dans l'autre sens pour entrer un cercle vertueux d'énergie et d'optimisme.
Je vais te faire une confidence, c'est exactement ce qui m'arrive au moment où j'écris ces lignes. Depuis quelques jours, j'étais bloquée et en panne, dans l'incapacité de m'approcher de mon ordinateur. Ces « pannes », lorsqu'elles m'arrivent, me plongent dans des tourments durant lesquels je me dénigre : « Je ne vais jamais arriver à finir mon livre », « Je suis nulle », « Je n'aurais jamais dû me lancer dans un tel projet ». Mon énergie, pourtant grande d'ordinaire, s'était envolée et j'étais incapable de me rasseoir devant mon écran pour me remettre à écrire.

Cela a duré quelques jours, durant lesquels je me suis enfermée dans un cercle vicieux de dénigrement de moi-même que, bien sûr, j'autoalimentais... toute seule ! En général, je ne sais pas si tu as remarqué, nous sommes assez bons pour nous autosaboter, n'est-ce pas ? Je suis certaine que tu connais toi aussi ces passages à vide, car tout le monde les traverse.
Mais l'important n'est pas de traverser de telles périodes, mais de les surmonter. Au bout de quelques jours à m'autoflageller, à m'en vouloir de ne pas tenir les délais pour rendre mon livre à mon éditrice, je suis donc revenue à mon bureau. J'ai imprimé ce que j'avais écrit dans ce chapitre. Je l'ai relu. J'ai trouvé que ce n'était pas si mal et je me suis remise au travail. J'ai dit STOP au rétropédalage négatif et au cercle vicieux dans lequel j'étais enfermée. J'ai changé de braquet et je suis repartie dans l'autre sens pour me réinsérer dans un cercle vertueux.
Ce genre de passage à vide peut se produire à tout moment, et n'importe qui peut au cours de sa progression les connaître. Si, de mon côté, je suis arrivée à le surmonter, c'est notamment qu'écrire ce livre est un objectif très « bon pour moi » ! Il me procure une immense satisfaction. Depuis le jour où j'ai eu l'idée de revisiter cette zone de confort et d'en écrire un livre, je suis très alignée, très motivée, très déterminée (ce qui n'empêche pas, comme tu viens de le voir, les trous d'air). Et je sais que sa réalisation et son achèvement me combleront de fierté et d'estime de moi. D'où l'importance de se choisir un objectif « bon pour soi ».

Je sais que cet objectif est « bon pour moi », parce que je sais la fierté et la satisfaction qu'il va m'apporter, que j'ai trouvé en moi les ressources et l'énergie de me remettre en marche. C'est pareil pour toi : lorsque tu auras trouvé et validé ton objectif, RIEN ne t'arrêtera.

Nous allons voir dans le chapitre suivant comment valider la pertinence d'un objectif qui te ressemble (pas aux autres, à toi !). Et comme tu le verras pour que cet objectif soit motivant, il faut qu'il soit ambitieux (c'est-à-dire qu'il constitue un progrès pour toi), mais atteignable : donc choisis pour commencer un objectif raisonnable.

Prenons un exemple : tu as envie de perdre du poids ? Et tu ressens que tu seras bien mieux dans ta peau, que tu auras plus confiance en toi pour chercher un nouveau job, pour séduire, pour reprendre le sport ?
Allez, action !
Cette perspective t'emplit de bonheur et d'enthousiasme ? Tu es déterminé à 300 % ? C'est donc un objectif « écologique ». Qu'importe si des amis ou ta famille te disent « Mais non tu es très bien comme ça ! », « Quelle idée de vouloir perdre du poids ! ».
Si tu sens au fond de toi que t'alléger physiquement va considérablement améliorer ta vie, n'attends pas la validation extérieure. Autrement dit, celle de ton entourage. Lorsque tu attends une validation extérieure, tu continues d'exister dans le regard des autres et de vouloir faire plaisir ! Ou bien cela signifie que tu veux répondre à l'image qu'ils ont de toi ou à ce qu'ils attendent de toi. Tant mieux si l'objectif que tu choisis plaît à ton entourage ! Mais tant pis s'il te plaît à toi et pas aux autres, car c'est ta vie !
Pour atteindre un objectif « bon pour toi », cesse de vouloir plaire aux autres et décide de te plaire à toi en premier.

Souviens-toi

Ta valeur ne se résume pas à ce que pensent les autres (même si parfois, bien sûr, leur opinion peut être intéressante).

Ta vie n'est pas celle des autres.

Et ce qui te rendra heureux, toi, n'est pas ce qui rendra heureux quelqu'un d'autre.

Non à la validation extérieure !

À toi !

Note ici deux ou trois objectifs importants pour toi. Exemples :

1. Perdre du poids
2. Aller vivre dans le Sud
3. Chercher un emploi dans un secteur qui me passionne

____

____

____

Puis, choisis celui par lequel tu veux commencer. Et en dessous, explique pourquoi, en décrivant essentiellement les bénéfices que tu vas retirer de cette action. Attention : les bénéfices doivent être positifs pour toi, pas pour les autres ! Si tu écris

« Je veux changer d'emploi, comme ça, ils verront bien que j'en suis capable », ça ne va pas. Je te l'ai expliqué juste au-dessus : libère-toi de la validation extérieure.
Ce sont les bénéfices qui nous motivent et qui nous font lever le matin. N'oublie pas cela.

Exemple :

- Je choisis comme premier objectif important...

  Je veux perdre 6 kg, parce que...

- Justification : pourquoi je commence par lui.

  Je choisis de démarrer par cet objectif parce qu'il me semble que beaucoup de choses vont dépendre de cette première étape. En effet, si je perds du poids, je me sentirai mieux dans ma peau. Cela veut dire aussi que j'aurai une meilleure hygiène de vie.

  J'aurai une bonne énergie et surtout je retrouverai une meilleure estime de moi. Je reprendrai confiance en moi. J'oserai davantage aller vers les autres.

  Oui, vraiment, si j'arrive à perdre du poids, je serai tellement content de moi et tellement heureux pour moi. Je suis réellement convaincu que la première étape de ma progression personnelle passe par là et que c'est par elle que je dois commencer. Une fois que j'aurai perdu ce poids, j'attaquerai mon deuxième objectif. Mais avant toute chose, je veux réussir ce premier *step*. Ce serait tellement génial, etc., etc.

À toi !

Sur l'espace vierge qui suit, note donc quel sera ton premier objectif important et détailles-en les raisons comme dans l'exemple ci-dessus.

Je choisis comme premier objectif important :

Justification : pourquoi je commence par lui.

Détaille ta justification et les bénéfices : les raisons du choix de ton premier objectif important. Considère cet espace comme un journal intime. N'hésite pas à écrire tout ce qui te passe par la tête pour justifier ta volonté de réaliser cet objectif et à décrire l'importance de ta décision. Écris les détails de ce qu'il va t'apporter, avec tes mots à toi, avec de l'enthousiasme, de la gaieté et de la détermination…

Ce choix d'un objectif « bon pour toi » ou « écologique » est fondamental pour progresser en restant dans ta zone de confort. Plus l'objectif est en accord avec tes valeurs et tes désirs profonds, moins tu éprouves le besoin d'aller chercher ailleurs des motifs de satisfaction et de te mettre en danger.

C'est pour cette raison que je récuse le schéma habituellement proposé de la zone de confort qui sous-entend qu'il faut passer par une zone de peur pour progresser. C'est absolument faux : c'est en renforçant ce que tu es dans ta zone de confort que tu progresses. Plus tu avances dans ce livre, plus je suis certaine que tu rejoins ce postulat.
C'est pourquoi je soutiens qu'il est possible de réussir et de se dépasser en restant dans sa zone de confort.
D'ailleurs, dans un des chapitres qui suivent, je cite des exemples et relate des parcours de personnalités qui ont réussi mondialement sans sortir de leur zone de confort.

Souviens-toi

La réussite consiste simplement à mettre ses rêves au travail !

Et comme je viens de l'écrire au-dessus, commence par un objectif raisonnable.
Pourquoi ? Parce qu'une première étape réussie sera une énorme source de satisfaction et de motivation pour la suite et pour te donner l'énergie de poursuivre !

Ce sera le premier *step* de ton aventure personnelle, comme nous l'avons vu au-dessus.
Tu vas voir dans le chapitre suivant comment « découper » ton objectif pour optimiser tes chances de l'atteindre.

Chapitre 10

La redoutable méthode SMART pour t'envoler vers tes rêves

La détermination d'un objectif « bon pour toi » te permet de reprendre le contrôle de ta vie. La méthode SMART, elle, va t'aider à vérifier que cet objectif est vraiment celui qui te correspond le mieux.

Il s'agit d'un outil simple et puissant pour t'assurer que ton objectif est aligné avec ta vision et ta stratégie à long terme. Cet objectif doit cocher cinq cases : Spécifique, Mesurable, Atteignable, Réaliste et Temporellement défini.

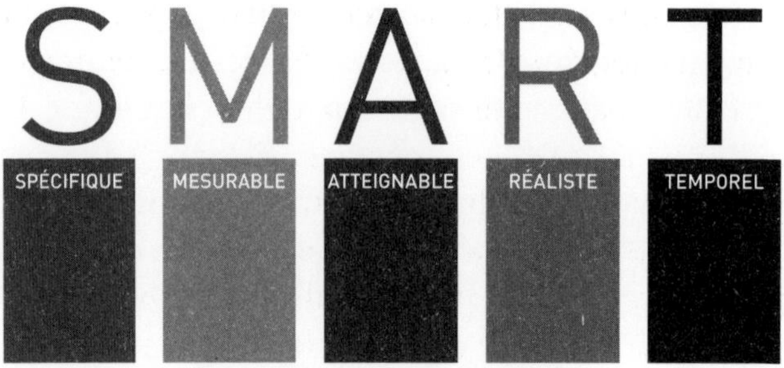

La méthode SMART

À ce stade du livre, fais une pause.
N'hésite pas à sortir, va marcher et respirer quelques minutes. Puis, dans un endroit tranquille, arrête-toi. Prends de grandes inspirations et expirations, en ouvrant tes bras en grand, emplis d'air tes poumons comment si tu ouvrais le haut de ton corps et ta poitrine et prononce ces mots : « Je vais me déployer. Je vais donner la pleine mesure. Je vais réussir. Je peux réussir. » Répète plusieurs fois cette phrase comme un petit mantra.

Voici un conseil déterminant pour la suite :
Plus l'objectif est précis et « bon pour toi », plus tu décuples tes chances de l'atteindre.
La plupart des gens se fixent des objectifs imprécis, flous et trop abstraits pour être réalisables. Bref, ils restent dans leurs rêves.
« Je veux être plus heureux, plus épanoui. »
« Je veux gagner plus d'argent. »
Ces assertions imprécises « ne font pas cuire le riz », comme dit un adage chinois. Elles expriment des désirs sans conviction, cela revient à dire : « J'espère que demain il fera beau ».

Rester dans le flou empêche de se mettre en mouvement parce qu'on ne sait pas par où commencer. Plus tu définiras ton objectif précisément, plus tu augmenteras tes chances de l'atteindre.

Affirmer « Je veux être plus heureux, plus épanoui » est un lieu commun. En effet, qui n'a pas envie d'être plus heureux et plus épanoui ? Dire cela ne fait pas avancer le schmilblick. En plus, ces locutions sont ce qu'on appelle en coaching des « objectifs valises » : « vouloir être plus épanoui » ne signifie pas la même chose pour toi que pour ta voisine ou que pour moi.
Il faut donc préciser ce qui te rendra, TOI !, plus heureux et plus épanoui, TOI ! Et ce n'est certainement pas la même chose que ton voisin, car nous avons tous des envies et des désirs différents.

Mon deuxième conseil est celui-ci (j'ai d'ailleurs commencé à l'évoquer dans le chapitre précédent) : choisis un objectif qui te convient à toi ! Ne cherche pas à faire plaisir aux autres ou à te conformer à ce que l'on attend de toi. Donne vie à tes aspirations profondes. Libère-toi de la validation extérieure et du regard des autres.

Rien n'est plus décourageant que de s'assigner un but et de comprendre en cours de route que l'on a vu trop grand, ou que finalement il n'est pas adapté à nos aspirations profondes et de l'abandonner. Tout à leur enthousiasme des débuts, beaucoup commettent cette erreur : ils ont les yeux plus gros que le ventre, comme le dit le dicton populaire, et ils renoncent !

À ce stade, une petite devinette : connais-tu la différence entre celui qui a réussi et celui qui a échoué ? Celui qui a réussi a continué !

Pour éviter cet écueil, il existe un outil hyper simple et terriblement puissant : la méthode SMART. Cette méthode est un processus très performant dans ce que l'on appelle le « management par objectifs » en coaching.

Important : un objectif est SMART, donc réalisable, quand il dépend de toi et de tes actions.
Si tu dis : « Je veux gagner au loto », cet objectif ne dépend pas entièrement de toi, il n'est pas, comme on dit en coaching, sous ton contrôle : il dépend des aléas d'un tirage au sort que tu ne maîtrises pas. En effet, 99,90 % des gens qui jouent au loto n'ont jamais gagné le gros lot. Alors, à toi de décider si tu rejoins la cohorte des frustrés ou si tu prends ta vie en main pour la conduire vers TON SUCCÈS.

Nous allons maintenant voir comment assurer la réussite de ton objectif.

Ton objectif doit être SMART !

En anglais, *smart* signifie « intelligent, astucieux ».
Ramené au français, un objectif SMART est donc un objectif intelligent, stimulant et positif pour toi ! Comme je l'ai déjà dit, c'est un objectif qui va multiplier ton niveau d'engagement, ton énergie et ta confiance en toi.

Chaque lettre du mot SMART a une signification.

S comme Spécifique.
Un objectif spécifique est un objectif précis dont tu dois percevoir la finalité. La question à te poser est : que va concrètement m'apporter sa réalisation ?
Ainsi, dire « Je veux gagner plus d'argent » ou « Je veux m'améliorer » sont des objectifs trop vagues. Un objectif doit être formulé et rédigé de la manière la plus claire et la plus précise possible. Un objectif spécifique doit concrètement te permettre de visualiser ton résultat.
Choisis un objectif qui ne dépend que de toi.

Et au lieu de dire : « Je veux gagner plus d'argent », assigne une somme précise à cet objectif.
Une fois ton objectif déterminé, note-le et accroche-le dans un endroit, de façon à le voir tous les jours. Ce dernier point est très important : cela te permettra dans une période de découragement de visualiser pourquoi tu t'es mis en mouvement. Garde précieusement ce conseil en tête.

Important : il faut TOUJOURS se souvenir de ce qui nous a stimulés au départ pour retrouver son énergie première dans les phases de découragement.

M comme Mesurable.
Tu dois pouvoir accoler à ton objectif une métrique, c'est-à-dire le quantifier, ce qui te permettra de mesurer le fait qu'il ait été atteint ou non. Si ton objectif est très ambitieux, tu dois le « découper », c'est-à-dire le séquencer en plusieurs étapes quantifiables et mesurables (voir chapitre 11). Parfois, il sera facile de mesurer tes progrès : notamment dans le cas d'objectifs chiffrés, mais dans d'autres cas, le résultat pourra être contrôlé par le biais d'un journal ou d'un carnet de progression dans lequel tu noteras tes réalisations et tes progrès.

A comme Ambitieux, mais Atteignable.
Un objectif ambitieux et atteignable doit être à ta portée. Il ne doit pas être trop facile à atteindre : pour être motivant, il doit représenter pour toi un progrès. Et sa réalisation doit te procurer une réelle satisfaction et marquer un réel progrès.
Note les ressources et les forces dont tu disposes pour l'atteindre. Il doit être difficile (c'est-à-dire constituer un effort pour toi), mais possible.
Estime l'effort à accomplir. Cet effort doit être dans tes cordes. Sur une échelle de 1 à 10, note le niveau de chances que tu te donnes de l'atteindre. Si tu penses que cet objectif est trop

important, tu peux le découper en plusieurs étapes (nous verrons cela dans le chapitre suivant).

R comme Réaliste.
Attention ! Ambitieux ne veut pas dire irréaliste ! L'objectif ne doit pas être hors d'atteinte. Si tu places la barre trop haut, tu risques de te décourager. C'est pourquoi tu dois procéder par étapes : c'est-à-dire commencer par un premier *step*. Une fois ce premier *step* atteint, passe au suivant.
Ici, identifie les obstacles et les mauvaises habitudes qui pourraient freiner sa réalisation et prends des décisions en conséquence. Prends en compte aussi l'environnement et le contexte. Bref, sois réaliste : ne prévois pas d'aller sur la Lune...

T comme Temporel.
Il est important de fixer une date butoir pour mesurer tes progrès.
Détermine une période temporelle à l'issue de laquelle tu pourras évaluer ta progression et l'atteinte de ton objectif. Si l'objectif n'est pas complètement atteint, ce n'est pas grave, l'essentiel est d'avoir commencé et surtout de ne pas renoncer. Se fixer un délai est essentiel. Cela permet à un moment M de faire un point et de voir où tu en es. Sans délai, sans limite temporelle, un objectif ne peut pas être SMART. Autre précision : le délai ne doit pas être trop court, car tu ne dois pas présumer de tes – le changement prend le temps –, mais il ne doit pas être trop long non plus. Un objectif raisonnable se mesure en semaines ou en mois. La temporalité est essentielle pour mesurer le temps qu'il t'a fallu pour progresser.

Avec un premier exemple concret, voici ce que cela donne :
Restons sur l'exemple d'une personne qui souhaite maigrir. Cette personne estime avoir 10 kg en trop et décide pour commencer de perdre 5 kg.

Cet objectif est important pour elle. En effet, si elle l'atteint, elle se sentira mieux dans sa peau, cela l'aidera à reprendre confiance en elle et à retrouver une meilleure forme.
Voici comment son objectif peut s'inscrire dans une stratégie SMART.

Il doit être

- **Spécifique :** je veux perdre du poids, 10 kg, pour me sentir ainsi mieux dans ma peau.
- **Mesurable :** je vais commencer par 5 kg. Sur une échelle de 1 à 10, je pense sincèrement avoir huit chances sur 10 d'y arriver. Autre façon de mesurer les progrès, je pourrais me rhabiller en taille 38.
- **Ambitieux, mais Atteignable :** 5 kg, c'est motivant et à ma portée. Je verrai le changement et je serai contente de moi, car avec 5 kg en moins, je me sentirai mieux dans ma peau. Pour l'atteindre, j'ai comme ressource ma détermination et je vais m'efforcer d'être constante.
- **Réaliste :** je peux le faire ! La barre n'est pas trop haute, même si cela va me demander un effort. Pour y arriver, je prends la décision de supprimer le sucre et l'alcool de mon alimentation.
- **Temporellement défini :** je me fixe deux mois, soit un 2,5 kg par mois. Au terme de ce délai, je verrai où j'en suis.

Avec un objectif soumis au filtre du SMART, tu ne peux pas échouer.

Prenons un deuxième exemple concret :
Imaginons cette fois quelqu'un qui veut créer sa boîte pour avoir un emploi plus valorisant et en rapport avec sa passion : disons dans l'horlogerie. Passons-le dans le filtre du SMART.

L'objectif doit être

- **Spécifique :** je veux changer de job pour travailler dans une entreprise éthique en rapport avec mes valeurs, dans une entreprise d'horlogerie haut de gamme, car les montres sont ma passion.
- **Mesurable :** je me donne six mois. Sur une échelle de 1 à 10, j'estime mes chances de succès à 7 sur 10.
- **Ambitieux, mais Atteignable :** c'est motivant et à ma portée. Avoir un job mieux payé et en accord avec mes valeurs va vraiment me redonner confiance en moi. Pour l'atteindre, j'ai comme ressource ma détermination et je vais m'efforcer de mettre en place une stratégie : refaire mon CV, prospecter les entreprises qui m'inspirent, contacter des chasseurs de têtes, mettre à jour mon profil sur les réseaux sociaux comme LinkedIn, valoriser ma plus-value et ma connaissance du secteur, solliciter des entretiens spontanés...
- **Réaliste :** je connais ce secteur, j'ai déterminé ce que je peux apporter à une entreprise qui me contactera, quitte à accepter dans un premier temps un salaire inférieur à mes prétentions compte tenu du contexte.
- **Temporellement défini** : je me donne entre six mois et un an.

Souviens-toi

Un objectif ambitieux et réaliste donne des ailes. L'énergie et l'efficacité sont décuplées et les résultats seront à la hauteur de tes engagements.

À toi !

Passe, toi aussi, ton objectif au filtre du SMART.

Spécifique

Mesurable

Ambitieux, mais Atteignable

Réaliste

Temporellement défini

___

___

___

Souviens-toi

Il n'y a pas de changement possible sans engagement, sans énergie, sans action !

Choisir un objectif et mettre en place une stratégie pour l'atteindre permet de combler l'espace entre ce que nous avons et ce que nous désirons. Entre un état présent et un état désiré. À ce stade, nul besoin de sortir de sa zone de confort.

Qu'est-ce qui t'empêche de faire pareil ?

Un objectif est d'autant plus stimulant qu'il s'inscrit dans une vision globale de ta vie.

C'est pourquoi il est important de noter, voire de dessiner pour mieux la visualiser, la vie dont tu as envie. C'est le meilleur moyen de ne pas te perdre en chemin.

Mémo

Note ton objectif sur une feuille de papier.

Détaille pourquoi il est important et les bienfaits que sa réalisation va apporter dans ta vie.

Quand tu auras des moments de doutes, relis-le. Il te rappellera pourquoi tu t'es mis en route.

Chaque fois que tu définis un objectif, que tu as envie de te lancer dans un projet, valide de quelle façon il s'inscrit dans ta vie telle que tu la désires profondément. Sinon, tu vas te perdre, perdre de l'énergie, perdre du temps, zigzaguer dans des expériences improbables et inutiles et, plus grave, perdre confiance en toi.

Concentre ton action et ton énergie sur ce qui te permettra de te rapprocher de ton véritable objectif !

Si ton objectif s'inscrit dans ta vision, rien, je dis bien RIEN, ne t'arrêtera, ni les obstacles, ni la fatigue, ni les jalousies... Ton enthousiasme, ton engagement balayeront tout !
Le cheminement vers cet objectif tout autant que sa réalisation contribuent à faire grimper le curseur de notre échelle de bonheur.

Cela signifie quoi, concrètement ?
Que le simple fait de décider de changer quelque chose dans ta vie pour te sentir mieux, pour progresser, pour t'accomplir pour te réaliser. Eh bien, ce simple fait de commencer à te mettre en mouvement génère un sentiment de satisfaction, presque une euphorie qui te fera aller instantanément mieux.

Les stoïciens l'avaient bien compris lorsqu'ils écrivaient que le bonheur n'est pas au bout du chemin. C'est le chemin qui est le bonheur.

Et le simple fait de réfléchir à cet objectif ne te fait pas sortir de ta zone de confort. Car la zone de confort est ton lieu de sécurité. Là où tes besoins essentiels sont pourvus, là où tu as toutes les conditions requises par la pyramide de Maslow pour te développer.

Lorsque nous avons envie de quelque chose, quand nous rêvons d'avoir un certain style de vie, lorsque nous ressentons que la réalisation de cet objectif comblera nos désirs et effacera dans le même temps une insatisfaction ou une frustration..., cela se passe d'abord dans notre cerveau. Nos pensées, notre imagination sont à l'œuvre. C'est la phase de mentalisation, d'élaboration. Elle est indispensable. Elle va te permettre d'imaginer des stratégies pour aller d'un état présent vers un état désiré.
Nul besoin de sortir de ta zone de confort à ce stade.
Avec la stratégie du SMART, si tu t'engages avec détermination, si tu persévères, si tu ne baisses pas les bras à la première difficulté, et surtout si tu ne laisses pas l'échec te définir, tu vas découvrir à quel point tes progrès vont être fulgurants.

Souviens-toi

Ne vise pas la Lune !

Pour progresser, commence par te fixer un objectif atteignable.

Puis, un autre.

Puis, un autre.

Et ainsi de suite...

Tu vas voir dans le chapitre suivant comment, tout en restant dans ta zone de confort, « découper le mammouth » comme on le dit en coaching, autrement dit, comment découper un objectif pour être certain de le réaliser.

Chapitre 11

Découpe le mammouth

Maintenant que tu as défini l'objectif qui te tient à cœur grâce à la méthode SMART, tu vas « découper le mammouth ». Cette expression barbare dans tous les sens du terme cache une stratégie redoutablement efficace pour avancer sans sortir de sa zone de confort et atteindre à coup sûr ses objectifs.

Même Obélix, le héros de la fameuse bande dessinée *Astérix le Gaulois* n'aurait jamais pu dévorer un mammouth en une seule fois s'il en avait eu l'occasion. Pour satisfaire son énorme appétit, Obélix aurait dû, lui aussi, « découper le mammouth ». Cet exemple est à la fois clair et simple.

La méthode consistant à « découper le mammouth » est ultra-puissante pour venir à bout de n'importe quel objectif. Elle permet aussi de prendre conscience que cette succession de sous-tâches ainsi déterminée est à ta portée et que nul n'est besoin de sortir de ta zone de confort pour les réaliser.

C'est limpide et clair de l'eau de roche.

Lorsque tu dois réaliser une tâche qui te paraît insurmontable, et que tu ne sais pas par quel bout commencer, ou lorsque tu es totalement dépassé, submergé, et que tu sens la panique te gagner…, la méthode est toujours la même, et vaut pour tout objectif : il faut découper la tâche en sous-tâches. Et peut-être ensuite redécouper ces sous-tâches en minitâches… Et ainsi tu transformes ton objectif en une série de miniobjectifs à atteindre qui, cumulés les uns après les autres, contribueront à la réalisation de ton grand dessein.

Le découper, le séquencer permet, d'une part, de mettre de la méthode et de l'ordre lorsque l'on ne voit pas comment s'y prendre. Ensuite, s'atteler à une tâche à la fois te permet de générer ainsi de petits résultats successifs extrêmement stimulants. Cela évite de te décourager. Et si, pour une raison ou pour une autre, tu es obligé d'interrompre ta progression pendant quelques jours ou plus, lorsque tu t'y remettras, tu reprendras la tâche que tu étais en train de réaliser. Cela évite de tout recommencer depuis le départ.

Souviens-toi

La stratégie sans action est vaine.

Et l'action sans stratégie est aveugle.

C'est une stratégie régulièrement utilisée en management pour motiver les équipes. D'ailleurs, il n'est pas rare que les équipes aient chacune une minitâche à accomplir. Parfois même sans savoir ce que font les autres. Puis, la coordination et le regroupement de toutes ces tâches contribuent à l'accomplissement de l'objectif commun.

C'est une méthode sûre pour améliorer ta productivité et mesurer tes progrès. Chaque miniétape accomplie réduit la distance entre ton état présent et ton état désiré. Cela augmente ton niveau d'énergie, ta motivation et ta confiance en toi. Cela nourrit ce que l'on appelle un « bon état d'esprit », un état d'esprit « constructif ». Cela renforce aussi ton mental, car tu es dans un cercle vertueux de progression.

Je te rappelle que la confiance en soi se nourrit de ce que tu réalises : plus tu accomplis des actes qui font sens pour toi, plus tu développes ta confiance. La confiance est liée à l'action et c'est elle qui nous permet de réaliser ce à quoi nous aspirons. Si j'osais une comparaison, je dirais qu'elle fonctionne comme un moteur et son carburant, ce sont les actions que tu accomplis jour après jour pour aller vers ce qui te tient à cœur.

Parce qu'il permet d'aller directement dans le concret, le découpage du mammouth t'aide à poser des actes et donc à développer ta confiance en toi. Il te permet de visualiser les tâches spécifiques et concrètes afin de mesurer jour après jour tes progrès. C'est un puissant outil contre le découragement et la démotivation.

En outre, découper l'objectif, le décomposer en étapes, grandes ou petites, faciles ou difficiles, permet par ailleurs de mieux identifier les éventuelles difficultés et de les anticiper. Au lieu de viser la globalité de l'objectif, visualiser les sous-objectifs permet une lecture claire de ce que tu as à accomplir. Et donc, planifier ta stratégie ainsi que la façon dont tu vas progresser.

Souviens-toi

Découper le mammouth, c'est clarifier la stratégie qui va te permettre d'atteindre ton objectif.

Les randonneurs de haute montagne ne font pas autre chose pour progresser et pour atteindre un sommet par exemple. Ils « découpent » l'ascension en plusieurs étapes. Ils partent du camp de base vers un premier refuge puis de ce refuge vers un point intermédiaire ou un bivouac et ainsi de suite... Tout comme Obélix ne peut pas ingurgiter un énorme sanglier en une seule bouchée, les randonneurs ne peuvent pas atteindre le sommet de la montagne en un jour. Ils l'atteignent en le découpant en une série d'étapes. Parfois, ils ne font que quelques mètres en une journée en raison de la difficulté du terrain ou pour des raisons climatiques. Mais ces miniétapes sont indispensables pour se rapprocher de l'objectif. Dans le cas d'une ascension, découper le mammouth peut même se révéler vital.

Fais des pauses pour voir le chemin parcouru

Découper le mammouth est également fondamental pour faire des pauses entre deux accomplissements et visualiser le chemin parcouru. Ces pauses sont très utiles, à la fois pour reprendre des forces et pour dresser des bilans réguliers de ta progression. Cela a deux vertus essentielles. Cela permet de conserver ta motivation et d'avoir une lecture juste de ton cheminement. Le piège quand on ne découpe pas le mammouth est le risque de partir dans tous les sens, d'agir de façon inconsidérée et de perdre sa méthodologie. C'est cette fameuse précipitation qui nous fait prendre des risques et peut imprudemment nous faire sortir de notre zone de confort.

Chaque étape est donc l'occasion de faire un point de ta situation et de tes avancées, de valider tes points forts, de prendre conscience d'éventuelles faiblesses que tu avais sous-estimées, de réorienter si nécessaire ta stratégie et de l'adapter continuellement au contexte. L'adapter ne veut pas dire en changer : cela veut dire être réaliste et se réajuster sans perdre de

vue ton objectif. L'adaptabilité est une *soft skill* fondamentale lorsque l'on veut atteindre un objectif qui nous tient à cœur. Elle permet de se dire « Je ne me décourage pas » ou au lieu de « J'abandonne ». De dire « Je vais faire différemment » au lieu de « C'est trop difficile ». Si on reste sur l'exemple des alpinistes, ces derniers adaptent sans cesse leur trajectoire en fonction des aléas climatiques, de l'état du terrain... Pourtant, l'objectif reste le même : atteindre le sommet.
Cela permet de faire un bilan régulier de nos besoins et de ressources que nous allons devoir déployer au fur et à mesure. Alors, pose-toi ces questions :

- En combien d'étapes vais-je atteindre mon objectif ?
- Comment le découper ?
- De quoi ai-je besoin pour réaliser l'étape du jour ?
- Quelles ressources personnelles vais-je déployer ?

Cet exercice est très important et très stimulant : l'objectif final te paraît lointain, inatteignable ? Après le découpage du mammouth, tu découvriras comme par magie que les étapes intermédiaires sont atteignables. Et cela change toute la vision que l'on peut avoir d'un projet et cela permet surtout de redimensionner tes ambitions.
En découpant le mammouth, tu évites donc de te décourager.
Cette façon de procéder, de découper le mammouth, ne t'entraîne absolument pas hors de ta zone de confort. Au contraire, elle te permet de limiter les risques en l'élargissant. C'est très différent et surtout très sécurisant. Progressivement, chaque jour, tu te déplies un peu plus (j'adore ce terme), tu découvres un peu plus l'ampleur de tes possibilités, tu développes tes compétences et tu progresses sans te mettre en danger. Car tu peux à tout moment rebrousser chemin et arrêter.

Souviens-toi

En relevant ainsi jour après jour de petits défis, les objectifs, même les plus énormes, les tâches les plus écrasantes qui nous semblent insurmontables deviennent atteignables. Ce qui semblait inaccessible ou difficile à réaliser prend une tournure envisageable. Toutes les résistances tombent au fur et à mesure.

Découper le mammouth a une vertu supplémentaire : cela aide à éviter de se perdre dans les détails. Cela permet d'éclaircir ta stratégie. À chaque tâche découpée, tu peux ainsi associer un timing, une orientation, un axe de progression et surtout lui attribuer le niveau d'énergie adapté à sa réalisation.

Comme il n'y a rien de plus parlant que des exemples, en voici : Restons sur les randonneurs. Si l'étape du jour est un sentier peu escarpé, en été, avec une difficulté moyenne identifiée, cela mobilisera une énergie qui ne sera pas la même que celle nécessaire pour s'attaquer à une paroi rocheuse verticale. Découper le mammouth sert précisément à cela : à identifier les ressources dont tu auras besoin à chaque étape et à te préparer en conséquence.

Autre exemple. Si tu dois démarcher de nouveaux clients, l'énergie mobilisée ne sera pas la même si tu décides de consacrer une journée à les contacter par téléphone ou si tu te déplaces pour aller les rencontrer. L'objectif final est identique : augmenter ton portefeuille et ton chiffre d'affaires, mais l'énergie que tu vas engager n'est pas du tout la même.

De la même façon, un conférencier ne dépensera pas la même énergie s'il s'exprime devant une assemblée de quinze personnes ou s'il s'adresse à deux mille personnes. L'objectif final dans les deux cas est le même : se faire connaître, vendre son ouvrage ou sa formation.

Pour écrire ce livre – un sacré mammouth, crois-moi ! –, j'ai moi aussi découpé le mammouth. J'ai écrit un pitch de cinq ou six pages, qui m'a permis de définir l'intention de mon ouvrage et de le présenter à un éditeur. Puis, j'ai attaqué le découpage en le décomposant en chapitres pour le structurer, et en définissant au maximum ce que j'allais mettre dans chacun d'eux pour éviter les répétitions, les redondances...

Cette méthode du découpage du mammouth s'adapte aussi très bien à ta vie quotidienne. Imagine par exemple que tu veuilles ranger une grange dans laquelle tu as entassé depuis des années tout un tas de bric-à-brac, de vieux objets devenus inutiles, des cartons, des outils... Imaginons que l'objectif final est de transformer cette grange en une chambre pour agrandir ta maison. Un objectif « bon pour toi », et donc très motivant.

Pour arriver à tes fins, tu vas découper le mammouth :

Étape 1. Ranger et vider la grange.

Étape 2. Refaire l'électricité.

Étape 3. Couler une chape.

Étape 4. Poser un carrelage.

Étape 5. L'isoler...

Et ainsi de suite.

Puis, tu vas de nouveau découper le mammouth pour réaliser la première étape, vider ta grange.

En effet, impossible de la ranger et de la vider en une fois ou en une poignée d'heures. Tu vas donc procéder par étapes. Trier, mettre au recyclage, jeter... Carton après carton. Objet après objet. Mètre carré après mètre carré... Même pour ranger une simple grange encombrée depuis des années, il faut découper le mammouth pour espérer s'en sortir et atteindre le but avec méthode et sans s'énerver.

Le découpage du mammouth a une autre vertu essentielle pour qui veut progresser vers ses objectifs. Cela permet de ranger sa tête. Car ranger son espace et ranger sa tête, c'est presque la même chose. La hiérarchisation et l'ordre amènent la clarté et la performance.

Dans son livre *Le bonheur est dans le peu* (2016), Francine Jay rappelle les vertus du rangement et celles du désencombrement pour notre cerveau. Ranger et classer sont deux actions bénéfiques pour notre santé et notre moral : en effet, malgré l'impression parfois de pénibilité, elles sont d'excellents exutoires au stress. Ces actions libèrent des endorphines, ces fameuses hormones émises par le cerveau, qui procurent une sensation de bien-être grâce à leurs vertus anxiolytiques et relaxantes.

Découper le mammouth procure ce même effet bénéfique sur ton cerveau.

Donc, tu l'as compris, une fois que tu as choisi **l'objectif important et « bon pour toi »** par lequel tu souhaites commencer, décompose-le en plusieurs sous-objectifs. Chacun de ses sous-objectifs doit évidemment être au service de ton objectif principal.

Séquencer ta progression va te permettre de la visualiser. Le découpage contribue à sa réalisation, comme tu vas le comprendre.

Prenons un dernier exemple – que je trouve toujours très parlant – d'une personne qui voudrait perdre du poids. Voici comment elle pourrait découper son mammouth.

1. « Je vais commencer par 5 kg. »

   Comment ?
2. « Je vais supprimer le sucre et l'alcool de mon alimentation. »
3. « Je vais aller au sport deux fois par semaine. » (Salle de sport, marcher, prendre les escaliers…)
4. « Je vais réduire ma consommation de pain à une tranche par jour. »
5. « Je vais manger des légumes tous les jours. »
6. « Je souhaite avoir atteint ce premier objectif dans un mois. » (N'oublie jamais d'associer une temporalité à l'exécution de chaque tâche que tu détermines.)

À toi

À toi maintenant de séquencer ton objectif dans l'espace vierge ci-dessous :

Note que plus les étapes sont nombreuses – ce qui signifie que tu auras découpé ton objectif en une multitude de petites tâches –, plus tu as de chances de les réussir.

1. ______________________________

2. ______________________________

3. ______________________________

4. ______________________________

5. ______________________________

6. ____

____

____

____

Souviens-toi

Décomposer ton objectif est déterminant. Car chaque sous-tâche accomplie fonctionne comme un « booster » pour entreprendre la suivante et ainsi de suite… Chacune de ces miniétapes est ainsi au service de ton grand dessein.

Comme tu le sais, la confiance nourrit la confiance.
C'est un stimulus extraordinaire pour t'inciter à continuer. Tu vas prendre au jour le jour conscience de tes infinies possibilités et être toi-même surpris et heureux de tes avancées.
Il s'agit juste d'une décision entre toi et toi.

Tu vois, ce n'est pas très compliqué et nul n'est besoin de mettre un orteil hors de ta zone de confort pour prendre cet engagement avec toi-même. Rien parmi les exemples que je viens d'énumérer n'implique de traverser une zone de danger pour progresser (souviens-toi du dessin original de la zone de confort).
Et pourtant, quelle motivation, quelle satisfaction ! N'est-ce pas ?

Pour prolonger ce chapitre, enchaîne tout de suite avec le suivant, « Le miracle des petits pas » ou comment aller lentement pour aller plus vite. Paradoxal, n'est-ce pas ?

Chapitre 12

Le miracle des petits pas

La méthode des petits pas est une méthode simple et puissante. Tellement simple que l'on a tendance à la négliger et à oublier sa redoutable efficacité. Tout simplement parce qu'elle permet d'avancer vite en progressant lentement. Oui, cela paraît totalement paradoxal. Mais c'est ce paradoxe qui donne de la puissance à cette stratégie. Elle suit la stratégie du découpage du mammouth, qui consiste à scinder son objectif. La stratégie des petits pas permet ensuite de te mettre en mouvement.

Après avoir découpé le mammouth, la stratégie des « petits pas » te propose de poser une succession d'actes pour franchir une à une, les étapes que tu as précédemment définies. En résumé, cette stratégie nous enseigne de nous concentrer chaque jour sur une avancée, aussi petite soit-elle, et non de considérer l'objectif dans sa globalité au risque de nous décourager. En d'autres termes, regarde en priorité ce que tu as fait plutôt que ce qu'il te reste à faire. Se retourner sur le chemin parcouru permet de se féliciter. C'est très important pour le moral.

Cela n'empêche pas évidemment de regarder régulièrement où tu en es dans ta progression. Mais en te concentrant sur tes petites réalisations, tu nourris chaque jour ta confiance en toi et ton énergie. Et l'addition de chacune des petites réalisations te conduit tranquillement vers ton objectif.

À Paris, où je vis la moitié du temps, une de mes amies habite au dixième étage dans le 12e arrondissement. Lorsque je vais chez elle lui rendre visite, je m'interroge systématiquement en arrivant dans le hall d'entrée de l'immeuble. Est-ce que je prends l'escalier ou l'ascenseur ? Quand je pense à l'ensemble des 10 étages à gravir jusqu'à son appartement, j'ai immédiatement envie de prendre l'ascenseur. Mais quand je décide d'envisager la situation différemment et que je me dis que finalement ce n'est qu'un étage puis un autre puis un autre... alors je prends l'escalier. Les trois ou quatre premiers étages se grimpent aisément. L'effort commence au cinquième... Mais quand j'arrive au cinquième, je comprends que j'en suis à la moitié, alors je continue. Et à partir du sixième, cela fonctionne comme un défi : je peux le faire ! Il n'est plus question de me rabattre sur l'ascenseur ! J'arrive certes un peu essoufflée, mais supercontente de cet effort (réalisé sans sortir de ma zone de confort puisqu'en cas de fatigue excessive il y a la solution de l'ascenseur).

Souviens-toi

Apprends à apprécier ce qui a été accompli au lieu de te focaliser sur ce qui reste à faire.

Il existe un proverbe indien qui dit : « L'homme qui regarde l'horizon recule toujours. Celui qui regarde le sentier avance. »

À titre personnel, la stratégie des petits pas m'a permis d'écrire et de publier une vingtaine de livres. Car, s'il y a un domaine dans lequel cette stratégie s'applique à merveille, c'est bien dans l'écriture qui est un travail lent et laborieux. Un livre de 250 pages fait en moyenne 400 000 signes (un signe est un caractère ou un espace). Un feuillet contient 1 500 signes. Si, lorsque tu commences à écrire, tu n'envisages que le nombre de signes global que tu dois produire, il y a de fortes chances que tu refermes ton ordinateur aussitôt. Pour écrire un livre sans se décourager, il faut concentrer son énergie sur chaque ligne. L'essentiel est d'écrire, mot après mot, ligne après ligne, page après page. À la fin de la journée, tu en as écrit trois, quatre... 10... qu'importe ! Tu as progressé. Si tu écris ne serait-ce que quatre pages par jour, tu en auras 28 à la fin de la semaine. Disons 25. En un mois, tu atteins 200 pages. En deux mois, 200 pages... Et le livre peu à peu prend forme. C'est le titre de ce chapitre ; tu progresses lentement, certes, mais finalement très rapidement.
L'un de mes petits plaisirs lorsque je sue sang et eau devant mon ordinateur est d'imprimer de temps en temps ce que j'ai écrit (pas trop souvent pour ne pas gaspiller de papier). La dizaine, puis la vingtaine puis la trentaine puis la centaine de pages que je recueille au fur et à mesure de mon avancée matérialisent mon travail. Quand j'imprime mon texte pour le relire, je me dis en voyant les feuilles sortir une à une de l'imprimante : « Waouh, j'ai quand même écrit tout ça ! »
C'est extrêmement gratifiant ! Et cela donne un sacré coup de fouet pour continuer.
C'est cela, la stratégie des petits pas.

Cette méthode nous fait également travailler la bienveillance envers nous-même. En effet, chaque fois que nous passons à l'action, quelle que soit l'ampleur de celle-ci, et ce, même si elle

est petite, nous pouvons être fiers, car nous voyons concrètement nos avancées, aussi minuscules soient-elles. Nous renforçons au passage notre confiance et notre estime personnelle. « La montagne ne résiste pas à l'homme lent », dit un proverbe chinois.
La stratégie des petits pas est aussi efficace que facile à mettre en œuvre. Elle souligne nos progrès sans nous faire sortir de notre zone de confort. Mais elle est celle qui te conduira de façon certaine vers le succès.

Avance en te libérant du regard des autres (ou retour à toi)

L'une des conditions sine qua non pour réussir avec cette stratégie est de te libérer de tes entraves. Car l'une des principales entraves qui peuvent parfois freiner notre progression, nous faire douter, c'est notre désir de plaire aux autres et notre besoin de nous conformer à la masse.

Le premier petit pas que tu dois faire consiste donc à te détacher du regard des autres. Pour progresser sans être perturbé par ce que pensent et objectent les autres, notamment l'entourage social et amical qui accueille parfois mal nos changements et nos désirs d'évolution. Non qu'il nous veuille du mal, mais ce changement qu'il voit s'opérer perturbe la lecture qu'il avait de toi. Si tu as identifié un objectif « bon pour toi », un objectif puissant et SMART, fais confiance à ton GPS personnel pour l'atteindre. Prendre ce recul est salutaire pour favoriser un calme intérieur et pour gagner en lucidité sur ce que tu veux réaliser.

L'opinion des autres surtout s'ils émettent des réserves ou des critiques sur ce que tu veux accomplir déclenche des pensées

en nous qui, elles-mêmes, fabriquent des émotions. Et lorsque ces émotions sont négatives, elles ont le pouvoir désastreux de saper ton énergie, d'ébranler ta confiance, de te ralentir et de te faire douter de toi.
Donc, il est essentiel, au moment où tu t'apprêtes à faire ton premier pas, d'opérer un retour à toi en te délivrant du regard d'autrui. Ce n'est pas de l'égoïsme – ou alors un égoïsme salvateur –, mais une décision prise entre toi et toi pour te préférer, au lieu de préférer ce qui fait plaisir aux autres.

Souviens-toi

En te démarquant de la pensée collective,
tu ne t'isoles pas, tu te trouves !

Le *kaizen*, ou l'amélioration continue

Les Japonais ont une méthode très proche de la stratégie des petits pas pour générer un changement en douceur et en profondeur, appelée la méthode *kaizen*. Le mot *kaizen* est la fusion des deux mots japonais, *kai* et *zen*, qui signifient « changement » et « meilleur ». La traduction française est donc « amélioration continue » ou « amélioration régulière ».
Le *kaizen* est né au Japon dans les années d'après-guerre pour permettre la reconstruction de l'industrie nipponne qui avait été anéantie lors de la Seconde Guerre mondiale. Et elle a rapidement prouvé son efficacité tant l'énergie des Japonais et leur méthodologie ont été aussi déterminantes que spectaculaires pour reconstruire leur pays. Elle a été ensuite théorisée dans les années 1980 par Masaaki Imai, un économiste, fondateur de l'institut *kaizen*, pour **améliorer les processus**

de production des grandes entreprises dont l'une des plus célèbres est Toyota.

Comme la stratégie des petits pas, la méthode *kaizen* consiste donc à accomplir des progrès quotidiens – même minuscules – en direction de l'objectif que tu t'es fixé. Jour après jour, les évolutions successives contribuent ainsi à nourrir une spirale positive qui te rapproche du but.

La clé du *kaizen* repose sur une philosophie prônant le changement sans à-coups et sans brusquer. C'est l'opposé d'un changement radical. Il s'agit d'éviter cet écueil que tu connais forcément – et auquel la plupart d'entre nous ont été confrontés en démarrant un nouveau projet : démarrer plein d'enthousiasme, sur les chapeaux de roues, puis s'essouffler et baisser les bras rapidement. L'exemple le plus connu est celui des résolutions que nous prenons au début d'année, le 1er janvier, tout déterminés que nous sommes à vouloir changer ou à prendre un nouveau départ. Résolutions qui ne durent bien souvent que quelques semaines (parfois quelques jours).
C'est d'ailleurs un vrai sujet, ces résolutions de début d'année. Pourquoi sommes-nous si peu à les tenir ? Eh bien, je vais te le dire : c'est parce que nous prenons ces décisions sur un coup de tête, parce que c'est la tradition, pour faire comme tout le monde… et ce, sans construire de stratégie pérenne pour les accompagner. Et comme tu l'as vu dans les chapitres précédents si tu as lu attentivement ce livre, l'action sans stratégie est vaine.

À ce stade, un petit détour par les neurosciences est utile.
En effet, l'être humain n'est pas formaté pour les changements radicaux. Lors de changements brutaux, lors de ruptures de rythmes et d'habitudes brutales, le cerveau limbique (celui qui gère nos émotions) déclenche une alerte rouge, car il associe cela à un danger imminent. C'est bien pour cela que je persiste

à affirmer une fois de plus dans ce chapitre que sortir de sa zone de confort n'est pas une solution pour progresser. Cela nous amène dans une zone de danger et d'anxiété inutile et contre-productive dans notre progression.
Si un stress raisonnable est effectivement stimulant parce que nous avons un travail urgent à finir ou une performance personnelle à accomplir, le stress doublé d'anxiété est tout à fait nocif. Il nous place hors de notre zone de confort en zone de danger, là où nous paniquons, nous perdons nos repères. Il ne faut pas chercher ailleurs la plupart du temps l'origine de nos échecs. Changement brutal ou intempestif + absence de stratégie = échec dans 90 % des cas.

En effet, il faut que tu saches que tes neurones ont aussi des habitudes. Le fonctionnement même de notre cerveau est basé sur la création et le maintien d'habitudes. Le psychologue William James est l'un des premiers à l'avoir théorisé : « Simples assemblages d'habitudes, nous sommes des créatures stéréotypées, des imitateurs et des copieurs de nous-même. »
Si le sujet t'intéresse, je t'invite à lire des travaux sur les neurosciences et le cortex cérébral et le cerveau limbique ou à écouter les podcasts, c'est passionnant, mais je ne veux pas t'emmener avec ce livre dans des considérations trop spécifiques.

Retiens juste ceci : pour ton cerveau, une habitude est un circuit neuronal. Et plus cette habitude est ancrée, plus ce circuit est utilisé et plus il est rapide et efficace. Le changer est parfaitement possible, mais il faut y aller en douceur pour que le cerveau comprenne le message, l'entérine et procède au changement. Cela s'appelle effacer les circuits neuronaux et en programmer de nouveaux. C'est exactement ce que tu fais avec les petits pas ou la méthode *kaizen*. Pourquoi ces deux méthodes sont-elles extrêmement puissantes ? Elles permettent à la fois d'aller lentement et de donner une impulsion déterminante à tes projets et tes rêves. D'où l'importance des stratégies et des routines à mettre en place pour ancrer le message dans ton cerveau. Cette stratégie peut générer un petit stress positif, un stress stimulant et constructif qui favorise tes performances, mais il ne te fait en aucun cas sortir de ta zone de confort : il te fait progresser et augmente ton niveau de bonheur.

Souviens-toi

Le secret d'un changement réussi est celui qui permet d'introduire de la nouveauté en douceur et sans agresser ton cerveau.

Donc, tu l'as compris, la méthode *kaizen* part du principe que **les grands résultats proviennent de petits changements** successifs et à la mise en place d'habitudes pérennes. Le postulat est qu'il vaut mieux faire un petit pas quotidien pendant 30 jours que 10 pas le premier jour et aucun les 29 jours suivants ! Elle prône donc la progression en douceur plutôt que par à-coups intempestifs et irréguliers. Certains affirment même que plus qu'une méthode, le *kaizen* est un état d'esprit qui peut s'appliquer à chacun d'entre nous, dans sa vie personnelle, pour atteindre des objectifs importants pour lui.

Et donc, là, bien sûr, tu me vois venir... puisque je vais t'expliquer comment appliquer la méthode *kaizen* à ta vie et à la réussite de tes objectifs ! Comme tu l'as compris de toi-même, la méthode *kaizen* étant douce et progressive, tu n'as pas à sortir de ta zone de confort pour l'appliquer. Même tout le contraire : grâce à elle, tu vas élargir cette fameuse zone de confort et de confiance et y déployer tous tes potentiels sans risque et en douceur.

L'un des intérêts de la méthode *kaizen* réside dans le fait qu'elle permet d'accepter les échecs éventuels. Si une journée n'a pas été concluante, ça n'a pas d'importance puisque tu auras la possibilité de recommencer (et de faire mieux) demain. Grâce à de petits changements quotidiens, tu avances lentement, mais sûrement dans la bonne direction.

« Comment ? » au lieu de « Pourquoi ? »

Tout comme la stratégie des petits pas, la méthode *kaizen* est orientée vers le résultat. Autrement dit, elle pose la question du « comment ? » et non celle du « pourquoi ? ». C'est une différence considérable : lorsque tu te poses la question du « comment ? », tu es déjà dans l'action, dans la recherche de la solution et dans la progression. Lorsque tu restes bloqué dans les « pourquoi ? », tu te perds dans les conjectures, les questionnements, et tu as tendance à faire du surplace ou à remettre en cause tes décisions.

Exemple.
Imaginons que tu aies décidé d'apprendre l'anglais pour augmenter tes compétences et ton potentiel de réussite dans ton métier. Ou bien pour avoir une promotion importante, ou pour te vendre dans une autre société ou pour voyager dans de meilleures conditions lorsque tu pars à l'étranger... Bref, quelle que soit la raison – professionnelle ou personnelle —, tu as donc décidé que parler correctement l'anglais est à la fois un enjeu important et un objectif « bon pour toi » ou SMART. Et avoir pris cette décision décuple instantanément ton niveau d'énergie. Souviens-toi, c'est l'un des critères qui te signalent que cet objectif est très motivant pour toi. Pour garder ta motivation, il faut donc te mettre en mouvement.

Si tu es déterminé, la question que tu te poses immédiatement est : *Comment ?*
Comment vais-je m'y prendre ?
Comment vais-je m'organiser pour progresser rapidement ?
Comment choisir la bonne méthode adaptée à mon style de vie et à mon tempérament ? Quelles sont mes options ?
Comment me dégager du temps pour suivre des cours en ligne ou en présence une ou deux fois par semaine ?
Comment gérer les priorités en y insérant des cours d'anglais ?
Comment passer une certification officielle qui validera mon niveau, comme le TOEIC ?

Toutes ces questions sont pertinentes et montrent que tu t'es mis en marche et que tu es déjà mobilisé et en recherche de solutions pour augmenter (ou *upgrader*, comme disent les Anglais justement) ton niveau. C'est le premier *step* de ta progression. Avec ce mot magique, « comment ? », tu es lancé et tourné vers le résultat, il suggère déjà ta progression. Et la perspective de ce résultat est extrêmement gratifiante pour toi.

Le mot « pourquoi ? » lui est un faux ami. Une fois que tu as défini ton objectif : « apprendre l'anglais » parce que tu as estimé qu'il était « bon pour toi », mon conseil est de cesser aussitôt de l'employer. Lorsque tu te demandes « pourquoi ? », tu cours le risque d'être bloqué et de remettre en cause ta détermination. « Pourquoi ? » demande une justification alors le mot « comment ? » invite à l'action immédiate. « Pourquoi ? » n'est pas rédhibitoire, mais souviens-toi qu'il peut être un frein.
Pourquoi me lancer ce nouvel apprentissage ?
Pourquoi choisir l'anglais plutôt que l'espagnol ?
Pourquoi est-ce que j'ai envie de cette promotion ?
Pourquoi est-ce que je pense qu'apprendre l'anglais va m'aider ?
Pourquoi est-ce que je m'inflige cela à mon âge ?

Attention : la route du Pourquoi débouche dans l'impasse de l'Immobilisme.

Souviens-toi

Une fois que ta décision est prise, ne demande plus « pourquoi ? ». Demande-toi « comment ? ».

Quelle que soit ta décision, perdre du poids, apprendre à gérer ton budget, développer ta clientèle, arrêter de fumer, devenir végétarien, te lancer dans un marathon…, une fois que ton objectif est SMART, la seule question qui vaille est « comment vais-je l'atteindre ? ». Cherche des **solutions concrètes** et pratiques plutôt que de passer (perdre ?) du temps à te demander pourquoi. Moins de jus de crâne et plus d'action ! Quand tu cherches comment faire, quand tu cherches une solution, tu es déjà tourné vers ton objectif.

Avec la stratégie des petits pas ou la méthode *kaizen* qui, comme tu l'as vu, sont complémentaires et voisines dans leur approche (c'est pour ça que je les ai traitées dans ce même chapitre), tu es dans une dynamique d'amélioration permanente pour devenir la meilleure version de toi-même. Poser chaque jour une action, faire un petit pas est la meilleure méthode pour changer de façon pérenne en mieux. Ces deux stratégies sont extrêmement puissantes, car elles sont douces. Elles ne brusquent pas. Au contraire, elles sont à l'opposé des changements radicaux et intempestifs qui, eux, te font sortir de ta zone de confort.

Souviens-toi

Toutes les fois où tu avances à « petits pas », et tu décides de changer lentement en profondeur, tu progresses et tu te rapproches de tes objectifs en restant dans ta zone de confort.

Le *kaizen*, comme les petits pas, s'adapte à tous les objectifs.

Je vais te donner un exemple que j'ai vécu personnellement et qui m'avait frappée à propos de la méthode des petits pas et de la méthode *kaizen* – puisque, encore une fois, ces deux stratégies sont voisines –, pour progresser lentement, mais sûrement vers un objectif. J'avais pris conscience à cette occasion à quel point la progression au jour le jour induit un changement en profondeur.
En effet, ces méthodes s'appliquent dans tous les domaines de ta vie, professionnels ou personnels. Une fois que tu as une vision précise de ton but, tu peux enclencher le processus des petits pas ou du *kaizen*. Ces petits efforts quotidiens produits sont indolores justement parce qu'ils sont petits. Peu à peu, cette routine t'emmène de ton état présent vers ton état désiré.

En écrivant ces lignes me revient donc en mémoire le souvenir de vacances passées, il y a quelques années, en Corse, où j'étais allée parcourir le sentier du GR 20 avec un groupe de randonneurs. Le GR 20, pour ceux qui ne connaîtraient pas, est le sentier qui traverse l'île du nord au sud. Cette année-là, j'avais choisi de faire le tronçon nord. Nous étions au milieu de la Corse donc et devions aller vers le nord.

Le premier matin, le guide du groupe désigna les montagnes qui nous entouraient, puis il pointa le doigt vers un sommet lointain et annonça : « Ce soir, nous serons là-bas ! »
Je me souviens très bien de ma sidération. Cela me paraissait parfaitement impossible.
Entre le lieu de départ et le lieu d'arrivée, il y avait une succession de montagnes, de vallées, de pierriers... Je ne voyais pas comment cette distance pouvait être accomplie en une journée.
Je m'entends encore lui demander : « Heu, tu plaisantes ? »
Il m'a répondu « Pas du tout » et nous nous sommes mis en marche. En fin de journée, nous étions bien arrivés sur le lieu annoncé le matin. De 6 h du matin à 16 h, nous avions marché, progressé pas à pas, montée après montée, descente après descente, de sentiers escarpés en ravines glissantes... Nous avons fait des pauses, nous sommes repartis, nous avons changé de foulée et de rythme, nous avons surmonté notre fatigue et, à force de constance, de progression, ce qui paraissait inatteignable le matin était réalisé à 16 h. Inutile de préciser que nous étions tous fiers de nous, d'autant que nous recommencions le lendemain pendant une semaine.

Se transformer profondément et durablement

Je cite cet exemple (qui s'applique à tous les domaines de la vie) pour te montrer que, mises bout à bout, les petites habitudes ou les petits gestes jour après jour, semaine après semaine, contribuent à te transformer et te rapprocher de ton objectif.
Comme tu l'as compris, les plus grandes réussites, les plus grandes réalisations ne sont que la somme de petites réussites et de petites réalisations successives.

Souviens-toi

Si d'autres ont réussi, c'est que tu peux toi aussi y arriver.

Certains comparent la méthode *kaizen* et celle des petits pas à une course de fond, j'aime bien cette analogie. Il faut tenir dans la durée, persévérer encore et encore. Faire des pauses quand tu es fatigué est normal et ralentir quand tu es fatigué est nécessaire, mais abandonner n'est pas une option. Si tu as envie d'abandonner, c'est que tu vas trop vite : reprends ta progression pas à pas. Révise tes objectifs quotidiens à la baisse.

Comme tu es dans ta zone de confort, accepte d'être patient et indulgent avec toi-même. On ne se débarrasse pas d'habitudes vieilles de quelques années en quelques jours. Il faut ne plus se poser de questions et avancer. Certes, cela demande des efforts d'ancrer de nouveaux comportements, et de créer de nouvelles habitudes, mais c'est à ce prix que tu pourras réaliser tes rêves (que ce soit courir un semi-marathon, perdre du poids, écrire un livre, changer de job, déménager...).

Un dernier exemple pour la route et pour te convaincre des ressources insoupçonnées que tu vas trouver en toi avec les petits pas et le *kaizen*.

Imaginons que tu veuilles changer de métier. Tu travailles dans une boîte d'informatique où tu t'ennuies. Tu as envie d'une activité plus fun et toi, ton truc, ton objectif ou Graal du moment serait de devenir développeur d'applications mobiles. C'est un secteur porteur (tout le monde a des applications sur son smartphone, et il s'en crée tous les jours de nouvelles). Cela demande

de l'imagination, outre tes connaissances déjà acquises, et après avoir passé ton objectif par la méthode SMART, tu es prêt au changement. Ce métier est pour toi, tu en es sûr ! J'ose espérer après tout ce que tu viens de lire que tu ne vas pas te lancer du jour au lendemain sur un coup de tête. C'est le meilleur moyen de te fracasser contre le mur des réalités.
Allez, hop, mets en place la stratégie des petits pas.
Ainsi, **le premier « petit pas »**, pourrait être de te renseigner sur les formations pour consolider tes compétences. Un autre pourrait être de rencontrer des professionnels de cette activité pour échanger avec eux sur les besoins du métier, les axes de développement pour comprendre les attentes et les évolutions de cet univers professionnel... Tu pourrais même proposer de venir en stage d'observation dans une structure pendant une de tes semaines de vacances... et ainsi de suite...
Quand tu seras prêt, tu pourras envoyer un CV aux entreprises que tu auras ciblées et être en mesure de te vendre en répondant à leurs besoins et aux évolutions du marché que tu auras au préalable identifiés.
Ajoute une bonne dose d'énergie et de bonne humeur. Tout en détaillant tes qualités, n'oublie pas d'expliquer pourquoi tu as choisi de postuler dans cette société (lorsqu'on cherche un emploi, il faut se vendre bien sûr, mais aussi faire une déclaration d'amour à ton futur employeur). Je ne doute pas que tu trouveras rapidement un nouvel emploi et que tu comprendras ton objectif. Avec la confiance acquise, tu pourras ensuite passer au suivant...
Les petits pas, c'est la seule méthode qui te permettra de réaliser tes rêves.

En guise de rappel, voici cinq étapes pour mettre en œuvre la stratégie des petits pas et pour être certain de progresser sans sortir de ta zone de confort.

1 : **Définis ton objectif final** le plus clairement et précisément possible. Je te rappelle que plus un objectif est précis, plus tu as de chances de l'atteindre. Ne reste pas dans le flou et dans les généralités. Reviens au chapitre 10, à la méthode SMART (Spécifique, Mesurable, Ambitieux, mais Atteignable, Réaliste, Temporellement défini) si nécessaire.

2 : **Découpe le mammouth** (cet objectif) en plusieurs sous-objectifs.

3 : **Passe à l'action** avec la stratégie des petits pas ou le *kaizen* : avec un petit pas chaque jour, tu es lancé ! Persévère !

4 : **Célèbre chaque progrès** et sous-objectif atteint. Félicite-toi ! Célèbre aussi tes échecs, ce sont des apprentissages.

5 : **Bravo !** En atteignant ton objectif, tu as pris conscience de ta capacité à réaliser tes projets, tes objectifs et à vivre la vie que tu veux !

Souviens-toi

Le seul échec, c'est de ne pas commencer.

Je t'avais promis avec ce livre que tu pourrais grandir en restant à ta zone de confort, tu vois, la promesse tenue, et ce n'est pas fini. Les bénéfices des petits pas et du *kaizen* sont multiples et tellement enrichissants.

- tu progresses en douceur ;
- les efforts que tu accomplis chaque jour sont à ta portée et n'ont rien d'insurmontable ;
- les petits pas permettent d'être constant ;
- si un jour tu échoues, cela ne t'empêche pas de faire un nouveau pas le lendemain (les échecs font partie du processus, ne les laisse pas te définir) ;

- tu développes ta confiance en toi et ton niveau de bonheur avec des progrès quotidiens ;
- tu opères peu à peu des changements puissants dans ta vie avec de nouvelles habitudes ;
- tu deviens une meilleure version de toi-même ;
- et tu atteins tes objectifs !

Bravo ! Bravo ! Bravo ! Bravo ! Bravo !

Chapitre 13

Garde le cap contre vents et marées

Si tu as un objectif flou, tu arriveras dans le flou. Alors, quand tu es convaincu qu'un objectif est « bon pour toi », maintiens le cap. La stratégie des petits pas t'emmènera vers ton but si tu ne passes pas ton temps à changer de direction.

Souviens-toi

Parfois, le premier petit pas dans la bonne direction finit par être le plus grand pas de ta vie.

Imagine un conducteur qui doit se rendre de Paris à Marseille. Il y a un peu moins de 800 km. L'autoroute est presque droite. En neuf heures, avec une ou deux pauses, il arrivera à destination. Sauf que, une fois sur l'autoroute, le conducteur change d'avis. C'est loin, Marseille, alors il décide d'effectuer un crochet par Orléans. Il se dit que ce doit être joli, Orléans. Puis, d'Orléans, il retourne en arrière vers Chartres, puis il repart vers le sud direction Bourges. Au fait, pourquoi ne ferait-il pas un crochet par

Auxerre ? Bref, ce conducteur n'a aucune constance, il ne tient pas sa direction, zigzague, perd du temps. Deux solutions : ou il n'arrivera pas à destination, ou il mettra 10 fois plus longtemps que celui qui fait le trajet directement.

Tu as compris où je voulais en venir : celle ou celui qui n'a pas de direction ne risque pas d'atteindre son objectif ou l'atteindra beaucoup plus difficilement. C'est une évidence.
Celle ou celui qui n'a pas de direction sort de sa zone de confort et se met inutilement en danger.

Pareil pour un navire qui irait au gré du vent au lieu de maintenir le cap.
Et c'est bien sûr pareil dans ton quotidien.

Être constant dans la direction que l'on a choisie et dans les efforts et les actions que l'on doit consentir pour y arriver est essentiel pour atteindre ses objectifs et réussir dans diverses sphères de la vie. Libère-toi des avis des uns et des autres ! Ne change pas de direction ou d'opinion en fonction du dernier qui a parlé. Chemine à ton rythme jour après jour et apprends à devenir presque indifférent aux remarques des autres !

Comme tu l'as vu plus haut, la clé de la réussite réside dans la persévérance, la constance et l'engagement. Changer de direction tous les jours te ramènera immanquablement au point de départ !

J'ai des dizaines d'exemples à citer dans ce livre pour t'inspirer, des exemples de personnalité qui n'ont jamais baissé les bras et qui n'ont pas varié de direction pour atteindre leurs objectifs (tu les trouveras dans le chapitre suivant), mais je vais commencer par le mien.

Je ne vais pas te raconter ma vie pour le plaisir de te parler de moi (je te rassure, je n'éprouve aucun plaisir dans les exercices d'autosatisfaction personnelle), mais pour te montrer que l'on peut partir de sa province, « monter à la capitale », choisir une orientation différente de celle pour laquelle tes études t'avaient formé, arriver dans une ville où tu ne connais personne, déployer une énergie tous azimuts pleine d'enthousiasme et avancer pas à pas chaque jour... sans sortir une seule fois de sa zone de confort.

Mon expérience

Je suis journaliste avant d'être coach.
Le journalisme était le métier de mes rêves lorsque j'étais petite fille, puis adolescente à Aix-en-Provence où j'ai grandi.
Ma mère lisait régulièrement *L'Express* et écoutait Europe 1, LA meilleure radio d'information de cette période. J'adorais ma mère et par mimétisme et admiration pour elle, j'ai commencé à l'imiter.
Dans *L'Express*, j'ai découvert les grandes signatures, Catherine Nay, Michèle Cotta... (Françoise Giroud, figure emblématique du magazine, n'y était déjà plus quand j'ai commencé à le lire) qui deviendront mes modèles. Ces femmes journalistes qui vivaient à Paris, signaient dans un grand média, écrivaient des livres... me paraissaient le comble de la réussite et du glamour.
Je voulais être comme elles : avoir un métier passionnant, être indépendante financièrement, rencontrer et interviewer des gens différents, voyager, écrire des livres !

J'ai donc choisi assez tôt la vie que je désirais et j'ai rapidement trouvé mon objectif écologique (voir chapitre 9 « Détermine un objectif "bon pour toi" [et pas pour les autres] ! ») et, c'est très important pour la suite, je n'ai jamais changé ! Car JE SAVAIS que c'était un objectif « bon pour moi » et extrêmement stimulant et tout à fait réalisable et atteignable, si je m'en donnais les moyens et si je travaillais.

À cette époque-là, j'avais 20 ans (qui, comme chacun le sait, n'est pas le plus bel âge de la vie) et je vivais encore chez mes parents. Je m'étais inscrite en fac de maths à Marseille. J'avais suivi sans conviction la plupart de mes copains qui se lançaient dans des études scientifiques pour devenir ingénieurs. Ce n'était clairement pas ma voie, je le savais. Mais à l'époque, c'était considéré comme les études les plus prestigieuses et puis tout le monde faisait des maths pour intégrer une grande école, alors, sans trop de conviction, j'avais suivi le flot. Mais je m'y ennuyais... j'ai senti que ma vie ne prenait pas la bonne direction et que si je persévérais pour faire comme les copains ou pour faire plaisir à mes parents, je passerais à côté de ce que je suis.
À 20 ans, j'ai donc quitté Aix-en-Provence pour poursuivre mes études à Paris, bien déterminée à devenir journaliste.
Mes parents m'ont fait confiance. Après leur avoir promis de travailler sérieusement, ils m'ont loué un studio, au 23 de la rue Mouffetard, dans le 5e arrondissement.

En prenant cette décision, je ne suis pas sortie de ma zone de confort ! Je me suis juste mise en accord avec moi-même. Je me suis alignée. Car, en suivant des études de maths, j'étais dans une zone d'inconfort.
Pour moi, la vraie vie commençait. J'ai trouvé à Paris l'énergie qui me manquait en province. À peine arrivée, j'étais dans mon élément.

Je me suis donc inscrite à une école de journalisme et, pendant mes études, je tapais aux portes pour proposer mes services à des journaux de quartier et aux radios locales (c'était la grande

époque des radios libres). Je mentais comme une arracheuse de dents en affirmant : « Oui, oui, j'ai déjà écrit pour des magazines locaux à Aix-en-Provence » et : « Oui, bien sûr, j'ai été animatrice sur une station locale en Provence ». Tout était faux évidemment. Quand on est jeune, notre rapport à la vérité est parfois élastique.
En outre, ces (petits) mensonges partaient d'une bonne intention : l'envie de faire mes preuves.

Bref. Peu à peu, à force de stages, de piges, d'énergie et de volonté, j'ai été recrutée comme pigiste par un journal (le défunt *France-Soir*) puis, au bout de quelques mois, engagée. Le journal qui perdait des lecteurs avait décidé de rajeunir son staff, sous l'impulsion de son directeur de l'époque, Philippe Bouvard, et de faire entrer une dizaine de très jeunes journalistes, dont je faisais partie. Il faut dire que j'étais tellement motivée, l'un des rédacteurs en chef m'avait rapporté *a posteriori* que j'avais été placée en tête de liste parmi les recrues possibles.

À 21 ans, j'étais donc une jeune journaliste à Paris ! Je vivais la vie que j'avais souhaitée. J'avais la sensation d'être au firmament du bonheur. Si j'avais dû dessiner le paradis à l'époque, j'aurais dessiné ma vie et n'aurais laissé ma place à personne ! Tous les matins, je bondissais de mon lit et je n'avais qu'une obsession : aller au journal ! J'étais généralement la première arrivée et l'une des dernières à partir.
Pourtant, c'étaient mes débuts, j'étais fauchée, mal payée, et dans les premiers temps, ma mission à *France-Soir* consistait essentiellement à aller chercher les dépêches APF pour les grands reporters (à cette époque, les dépêches AFP n'arrivaient pas directement sur les ordinateurs comme aujourd'hui, mais *via* un téléscripteur au milieu de la rédaction. Il fallait les découper, les trier, et les distribuer aux différents services du

journal) et à rédiger de petits échos ou des encadrés. Les grands articles prestigieux à la une, ce n'est pas – encore ! – pour moi, mais ce n'était pas un problème : j'étais à ma place et j'apprenais mon métier !
C'était un travail un peu ingrat, mais il fallait passer par cette période d'apprentissage, accomplir des tâches peu valorisantes... au début.
J'étais tellement déterminée et sûre de mon objectif, cela ne me posait aucun problème : j'avais une vision claire de mon avenir, je faisais feu de tout bois. Tout était prétexte à apprendre et à améliorer ma connaissance du journalisme.

De cette période, j'ai tiré une leçon FONDAMENTALE dont j'ai déjà parlé plus haut : quand tu as déterminé un objectif clair et en accord avec toi, tu es invincible ! Rien ne t'arrête !

Si je n'avais pas eu cet objectif clair à l'esprit, si je n'avais pas été certaine de la direction, il est probable que je n'aurais pas vécu ces petites « corvées » de la même façon. J'aurais peut-être même refusé de les faire. Mais comme j'avais un but défini et que je savais que je devais passer par là, c'était OK pour moi.
Voilà pourquoi il est nécessaire d'avoir une vision.

En effet, comment atteindre ton but si tu ne l'as pas clairement défini ?
Ou si tu en changes en fonction de l'opinion de la dernière personne à qui tu as parlé ?
Ou si tu le laisses décourager par la première critique ou le premier avis négatif ?
Ou si tu te laisses influencer par les réseaux sociaux (qui n'existaient pas lorsque j'ai débuté) ou par l'actualité ?
Ou si ton objectif varie selon les jours, au gré de ton humeur ou de la météo ?

Si j'évoque la météo, ce n'est pas par hasard.
Combien de fois dans mes coachings ai-je entendu des personnes se plaindre et chouiner : « Ben, cette semaine, je n'ai pas avancé. Le temps était maussade, il a plu, je n'avais pas d'énergie. »
Cette phrase, peut-être que toi aussi tu l'as prononcée, non ? Jamais ?
Allez, soyez honnêtes, les météo-sensibles !

Ma réponse, en forme de provocation, est immanquablement la même.
« Ah ! Donc, ton énergie dépend de la météo ? Donc, revoyons-nous l'été prochain quand il fera beau ! » Évidemment, cela suscite une prise de conscience et une réaction.

Cette phrase pour moi est une alerte : si ta détermination pour atteindre ton objectif dépend des aléas climatiques, ou de n'importe quelle autre variable secondaire, c'est que tu n'as pas réellement envie d'atteindre ton but.

Souviens-toi

Quand tu es porté par un objectif clair et inspirant, qu'importe la météo, il fait beau tous les jours !

Peut-être, te dis-tu aussi en lisant ces lignes : « Oui, mais moi j'ai plusieurs envies ! Pourquoi devrais-je choisir un seul objectif ? Y a plein de choses qui m'intéressent ! Non, décidément, je ne veux pas choisir ! Pourquoi restreindre mon horizon ? »
Pourquoi ? Je vais te le dire !
Parce que, pour avancer vers l'horizon, il faut choisir une direction et se mettre en mouvement et non contempler le paysage

de droite à gauche en s'abstenant de bouger et sans savoir où aller. Cela dit, cette dernière option peut être fort agréable, mais ne te plains pas alors de faire du surplace.

Prenons un autre exemple. Lorsqu'on se balade en forêt, on croise plusieurs sentiers et itinéraires différents. En choisir un, c'est renoncer provisoirement aux autres. Si on opte pour celui de droite, on continue d'avancer et de découvrir de beaux paysages. Peut-être que sur le sentier de gauche, lesdits paysages auraient été plus beaux, qui le sait ? Un fois que l'on est engagé, autant profiter à fond de la beauté du site, des arbres et de la nature qui nous entoure puisque nous sommes venus pour cela : faire une promenade. La fois d'après, on prendra le sentier de gauche.
En revanche, si l'on reste indécis à la croisée des chemins à se demander si l'on va aller à droite, ou plutôt, non, à gauche, et à s'interroger sur ce que l'on va rater en choisissant une option plutôt qu'une autre, et si nous persistons dans notre refus de choisir, comme certains le font dans la vie, la promenade s'arrête là !

Cette métaphore de la promenade en forêt s'applique parfaitement à nos existences. Pour progresser, engage-toi dans une direction. Et si tu te trompes, si le sentier débouche sur un cul-de-sac ou si, dans ta vie, il s'avère que la direction prise n'est pas la bonne, ce n'est pas grave. Fais un point de la situation et rebrousse chemin. Les chemins de traverse font aussi partie du voyage vers ton objectif personnel.

Souviens-toi

En refusant de choisir, tu cours le risque de faire du surplace et de fabriquer insatisfaction et frustration.

Les neurosciences sont formelles sur ce point : faire des choix est bon pour la santé mentale. On appelle aussi cela l'autodétermination ou être proactif (l'action de déterminer soi-même ses actes et ses pensées sans être soumis aux désirs ou aux ordres de quelqu'un d'autre). Il y a un chapitre plus loin sur la proactivité et la réactivité.
Cela participe à notre épanouissement. Choisir crée davantage de satisfactions que de frustrations, car le choix nous donne la sensation d'être connectés à nous-même.
Pour nous sentir « bien » (quel que soit le sens que l'on donne à ce « mot-valise »), nous avons besoin d'exercer un certain contrôle sur notre vie, d'en prendre les commandes, pour la diriger selon nos critères, nos envies, nos valeurs et nos besoins.

En outre, en agissant ainsi, tu dopes ta confiance.
J'explique souvent à mes coachés que faire un choix (qui est une des difficultés fréquentes que rencontrent beaucoup de personnes) comble trois besoins fondamentaux :

- le besoin d'autonomie ;
- le besoin de compétence (que j'appelle aussi besoin d'estime de soi) ;
- le besoin d'appartenance.

Petite explication rapide de ce que cela signifie avec cet exemple tout simple :
Imagine un parent qui demande à son enfant de ranger ses jouets et lui propose de le faire avant ou après une promenade au parc.
L'enfant est guidé dans sa décision par un parent aimant (cela satisfait ses besoins d'appartenance). Ce même parent lui donne le choix de le faire avant ou après la balade (et cela satisfait son besoin d'autonomie et lui donne le sentiment d'avoir le contrôle de la décision). Et face à ce parent qui ne décide pas tout à sa

place, qui lui fait confiance pour ranger à un moment ou à un autre ses jouets, l'enfant satisfait son besoin de compétence ou d'estime de soi.
On a donné un ordre à cet enfant et il a choisi de quelle façon il allait le réaliser.
Ces mêmes ressorts fonctionnent dans notre vie d'adulte.

Souviens-toi

Choisir, c'est agir en fonction de ce qui a du sens pour toi. C'est être capable d'exprimer tes préférences, tes choix de vie et d'en assumer les conséquences.

C'est pour cela que nous supportons généralement mieux une corvée que nous avons décidé d'accomplir qu'une corvée qui nous est imposée.

Choisir, c'est prendre le contrôle de sa destinée.

Donc, je te le confirme, choisir n'est pas toujours facile.
Je te confirme aussi que vivre, c'est choisir.
Choisir, c'est renoncer.
Et renoncer, c'est avancer !

Souviens-toi

Quand on court deux lièvres à la fois, on n'en attrape aucun !

Choisis pour commencer un seul objectif. Et tiens ta résolution et la direction.
Réalise-le et tu t'occuperas du deuxième ensuite !
Ceux qui refusent de choisir courent le risque de perdre du temps, de s'épuiser, de faire du surplace.
Alors, laisse les indécis se noyer dans un verre d'eau et avance !

Pour éclairer mes propos, je reprends le fil de mon parcours.
Je suis donc une journaliste novice, on me confie des tâches peu passionnantes. C'est la règle du jeu. Je l'accepte de bonne grâce et j'ai une énergie de folie.
Aucune mission ne me rebute.
Même s'il faut descendre à l'accueil pour attendre un coursier ou lorsqu'il s'agit de passer des dizaines d'appels pour vérifier une mini-info, je réponds oui !
Je ne crois pas avoir dit une fois : « Ce n'est pas à moi de faire cela » ou, nous-même « Je ne suis pas ton larbin ! »

À ce stade me reviennent en mémoire les remarques négatives entendues quand je me suis lancée dans le journalisme.
Beaucoup m'ont mise en garde : « Attention, c'est un métier qui paie mal. Il y a beaucoup de pigistes qui ne gagnent pas bien leur vie. Tu risques de galérer... Et puis, Paris, c'est dur, tu sais ! Tu ne connais personne... »
Blablabla... Les conseilleurs ne sont pas les payeurs ! Et je ne les ai pas écoutés.

Et surtout ils n'étaient pas à MA PLACE (tout comme ils ne sont pas à LA TIENNE). Et ils n'avaient pas MA vision de LA vie que je voulais vivre. Je n'allais pas m'arrêter avant d'avoir commencé, quand même !
J'ai fait un joyeux bras d'honneur aux donneurs de leçons et je me suis envolée.

Ces sombres prédictions (en réalité expressions de leur peur et non de la mienne) n'ont pas ébranlé ma détermination. J'étais sûre de moi et de ma stratégie.

Mes parents aussi m'avaient mise en garde avec bienveillance, mais ils m'avaient assuré que si c'était mon souhait, ils le respecteraient. Ma mère ne transigeait pas avec les études ni avec le travail. Son leitmotiv était : « OK pour faire ce que tu veux, mais hors de question de lâcher ce que tu entreprends. » Son désir ardent était que je devienne une femme indépendante financièrement.

Souviens-toi

Écouter les conseils est parfois utile, mais ne laisse pas les conseilleurs prendre le pouvoir sur ta vie. Choisis-la toi-même !

En outre, mon projet était plus vaste : je te rappelle que je comptais, comme les grandes journalistes de *L'Express* que j'admirais durant mon adolescence, écrire des livres, faire de la radio, bien gagner ma vie, avoir rapidement assez d'argent pour voyager et m'offrir la maison de mes rêves.
J'ai réalisé assez rapidement finalement tout ce qui me tenait à cœur.
Non pas parce que je suis géniale ou plus intelligente, mais parce que toutes mes actions, tout ce que j'ai entrepris, visaient à atteindre mes objectifs et étaient orientées vers eux. Rien ne me rendait plus heureuse que ce métier et toutes les opportunités passionnantes qu'il offrait.

J'ai donc très bien fait de suivre mon idée :

- j'ai publié mon premier livre à 26 ans ;
- j'ai écrit mon premier best-seller à 33 ans ;
- j'ai été nommée rédactrice en chef d'un grand magazine à 35 ans ;
- je me suis offert la maison de mes rêves en Provence à 37 ans.

Tout cela avec le seul résultat de mon travail, de ma volonté, de ma persévérance et de ma stratégie.

Souviens-toi

Au début, ils te demanderont : « Pourquoi tu fais ça ? »

Bientôt, ils te diront : « Comment tu as fait ? »

Mais revenons à mes débuts pour comprendre comment cela a été possible.

J'ai 21 ans et je suis dans une rédaction où je n'ai encore rien prouvé. Je suis certes de bonne volonté, mais je suis encore cantonnée aux petits échos, aux encadrés, aux petits papiers... En outre, le journalisme est un métier d'urgence. Quand une actu arrive, la tension et l'effervescence d'une rédaction montent d'un cran (voire de deux) : dans ces cas-là, mieux vaut ne pas être susceptible. Lorsque tout le monde est dans le rush et qu'un chef de service en stress me rabroue parce que je ne vais pas assez vite, aucun problème ! Je m'adapte ! J'ai du caractère, emballé dans une bonne dose d'humour, et si je sens du manque de respect, je réagis ! Je n'ai jamais été harcelée (une chance) et je sais envoyer bouler les lourdauds qui me draguent. J'aime tellement ce métier que je viens même faire les bouclages du dimanche, alors que... personne ne me le demande ! Mais c'est plus fort que moi, j'ai envie d'être au cœur de l'action, là où cela se passe. Je sillonne Paris sur mon scooter et la vie ne saurait être plus belle.

Peu à peu, les chefs de service me remarquent, apprécient mon état d'esprit, s'amusent gentiment de mon enthousiasme et, plus important, ils commencent à comprendre qu'ils peuvent compter sur moi.

Un dimanche de printemps, je déboule une fois de plus au journal alors que je ne suis pas censée y venir. C'est un week-end prolongé du mois de mai, il fait beau, l'été se profile. À ma grande surprise, il n'y a quasiment personne dans la rédaction. Et c'est à ce moment-là que LA chance me sourit (car la chance finit toujours par sourire à ceux qui travaillent et qui se donnent la peine, c'est une règle quasi mathématique). L'actualité est calme quand soudain, on apprend la disparition de la chanteuse Dalida (cette anecdote ne me rajeunit pas, mais tant pis). Je l'ai dit plus haut, très peu de journalistes sont présents, beaucoup sont en week-end prolongé ou injoignables. Mais moi, je suis là ! Je suis donc conviée à la conférence de rédaction qui se tient en catastrophe et le rédacteur en chef de permanence semble avoir complètement oublié que je suis débutante. Et ce n'est pas le moment de le lui rappeler !

Il y a urgence, tout doit être bouclé avant 20 h. Il dispatche les tâches et les papiers aux rares présents, puis il me lance :

« Bon, toi, Catherine, tu files faire un micro-trottoir pour recueillir l'émotion des gens. Il nous faut une dizaine de témoignages, OK ? » Puis, il hésite... « Heu, tu as déjà réalisé un micro-trottoir, n'est-ce pas ? »

Question à laquelle je réponds par un – gros – mensonge plein d'assurance : « Évidemment !

— Très bien ! Fonce ! Et après, tu nous rédiges un texte sur les grandes dates de sa carrière, OK ? Allez, allez, on ne perd pas de temps ! »
— Pas de problème ! » je lance en détalant.

À cette époque, où il n'y avait pas les réseaux sociaux, les micros-trottoirs sont très importants dans les journaux, notamment les quotidiens, pour avoir la « température de la rue » comme on disait alors. En général, le journaliste chargé de les réaliser part avec un photographe pour avoir des clichés des gens qui acceptent de témoigner. Mais ce dimanche de mai, aucun photographe n'est disponible. Comme il faut aller vite, le rédac chef arbitre : « Tant pis, on fera un micro-trottoir sans photo. On n'a pas le choix, on n'a pas le temps. *Go, go, go!* »

Pour mon premier micro-trottoir, je suis frustrée : des témoignages avec des photos sont plus crédibles (eh oui, à l'époque les téléphones portables étaient quasi inexistants). Aussitôt, je prends, toute seule sans demander à personne, ma première initiative. J'appelle Laurence, une photographe débutante que je connais depuis peu. Je l'ai aperçue plusieurs fois dans les couloirs de la rédaction. Elle a à peu près mon âge, elle est vive, dynamique, drôle. Nous avons commencé à sympathiser.
Une chance, elle est à Paris et elle est d'accord pour me rejoindre et nous filons réaliser le micro-trottoir dans les rues de la capitale. J'ai été bien inspirée de l'appeler : Dalida est l'une des plus grandes stars françaises de l'époque, son suicide est un choc.
Les gens de la rue que j'interviewe sont bouleversés. Et, comme les chaînes info n'existent pas encore, c'est moi qui apprends à certains le décès de l'artiste. Deux femmes fondent en larmes, Laurence les photographie. Une fois les autorisations de publications signées, nous rentrons dare-dare à la rédac. Je

retranscris à toute vitesse les témoignages. Dans la foulée, je rédige le texte répertoriant les grandes dates de sa carrière. Ce n'est pas très difficile et je m'en sors haut la main.

Moins de trois heures plus tard, je dépose mon travail et les photos du micro-trottoir sur le bureau du rédac chef. Laurence a bien travaillé, ses clichés montrent des visages en larmes, des mouchoirs sous les yeux.
Il n'en revient pas et me dévisage, interloqué. « Ils sont très forts, ces témoignages ! Et ces photos aussi. D'où viennent-elles ? Comment as-tu fait ? Je croyais qu'on n'avait pas de photographe aujourd'hui. »
Gonflée d'orgueil et de fierté, je réponds un énigmatique : « Je me suis débrouillée ! »
Pris par l'urgence, il me jette pour toute réponse : « Pas mal ! On envoie à la maquette ! »

Moi qui m'attendais à un flot de félicitations, je sors du bureau quelque peu dépitée. Tout ça pour ça ! Tant pis ! L'essentiel est ailleurs, pour la première fois, un micro-trottoir et un papier vont être signés de mon nom dans un journal national.

Quant aux compliments, ils viendront sous forme d'une nouvelle que je n'avais pas envisagée : mon micro-trottoir, jugé « très fort » par l'ensemble des chefs de service présents, se retrouve à la une du journal, consacrée évidemment à la disparition de la chanteuse.
Pour un journaliste, avoir son papier à la une, c'est le Graal ! Je ne touche plus terre. J'appelle aussitôt mes parents, mes amis pour leur dire d'acheter le numéro du lendemain.
Ma persistance à venir le dimanche a enfin porté ses fruits !

Souviens-toi

Persévère, l'effort que l'on fait n'est jamais perdu et tu es peut-être plus près de ton but que tu ne le penses.

De cette période, j'ai aussi gardé le souvenir d'une fille qui avait mon âge et qui débutait comme moi. Elle s'appelait Charlotte (j'ai changé son prénom) et elle aussi voulait passionnément être journaliste. C'est du moins ce qu'elle affirmait. Mais, outre qu'elle semblait fâchée avec sa salle de bains, elle paraissait perpétuellement lasse et désabusée. Elle se traînait, soupirait tout le temps et se plaignait d'être fatiguée dès le matin.

À nos débuts communs à *France-Soir*, elle avait pourtant une légère longueur d'avance sur moi : elle avait un joli brin de plume et elle a rapidement décroché une petite chronique d'humeur quotidienne. Ainsi, elle n'allait plus en reportage et passait ses journées au journal à chercher le sujet de son billet d'humeur, qu'elle délivrait péniblement en fin de journée après avoir demandé à toute la rédaction une idée.
Je n'étais pas du tout jalouse, je préférais, moi, réaliser des interviews et partir en reportage.
Un jour, je lui ai demandé si cela ne lui manquait pas les rencontres, les interviews, le terrain, l'inattendu... À ma grande surprise, elle m'a répondu : « Pas du tout, je n'aime pas ça ».
J'étais sidérée. Comment peut-on vouloir être journaliste et ne pas aimer aller à la rencontre des gens, chercher des scoops, faire preuve de curiosité ?

Bref, je te la fais courte. Au bout de quelques mois, Charlotte, épuisée et écœurée par l'écriture de son billet d'humeur

(exercice extrêmement difficile, et encore plus pour une journaliste débutante), a décidé du jour au lendemain de tout lâcher et de quitter le journal.
Si je comprenais son ras-le-bol, j'étais stupéfaite. Je trouvais sa décision radicale : pourquoi arrêter un métier qu'elle affirmait adorer simplement parce qu'elle ne voulait plus écrire de billet d'humeur ? Il y a tant de facettes, tant de rubriques, tant de sujets différents, quel dommage ! Impossible de la faire changer d'avis : elle vivait sa lassitude comme un échec, elle s'est enfermée dans sa conviction et, plutôt que de relever les gants, elle a préféré abandonner.

Nous nous sommes croisées quelques années plus tard au théâtre : elle était devenue prof de français. Elle n'était à l'évidence toujours pas réconciliée avec sa salle de bains et ne semblait pas franchement épanouie. Je venais de publier mon premier livre dont les médias s'étaient fait l'écho. J'étais passée dans plusieurs émissions de radio et de télé. Elle me félicita poliment et je vis passer dans son regard un voile de regret.

Souviens-toi

Les échecs sont inévitables, mais ne les laisse pas te définir.

Malheureusement pour elle, Charlotte s'était laissé définir par cet échec et avait renoncé. Ne tombe pas dans cet écueil.

Choisir son objectif est donc déterminant, mais ce sont la constance et la persévérance qui te permettront de te rapprocher de lui. Si cet objectif est un peu plus long, un peu plus difficile que prévu à atteindre, n'y renonce pas. Accepte les retards, les difficultés, les imprévus.

Petit détour par les neurosciences avant de conclure ce chapitre : Nos rêves, nos envies, nos idées, nos projets, les fruits de nos pensées naissent dans notre zone de confort.
Les stratégies que nous élaborons ou imaginons pour atteindre ces objectifs naissent et se développent également dans notre zone de confort.
Jusque-là, c'est facile, confortable. La pensée n'est pas l'action. Elle est ce qui précède l'action et elle ne nous fait pas sortir de notre zone de confort. Nous avons beaucoup d'idées, parfois audacieuses, parfois saugrenues, parce que nous sommes dans notre zone de confiance ou de confort.

Seule l'action peut nous faire sortir de notre zone de confort si nous l'avons mal préparée, comme je l'ai expliqué plus haut.

Le succès n'est pas un accident. Pour qu'il advienne dans ta vie, quelle que soit la façon dont tu l'envisages, quelque chose doit changer dans ton comportement. Pourquoi ? Parce que, comme le dit cette citation attribuée à Albert Einstein : « Si nous faisons toujours la même chose, les résultats seront toujours les mêmes ».
En effet, comment espérer un résultat différent en répétant sans cesse ces « recettes » qui, seules, se sont avérées inefficaces ? Imparable !

Je t'ai raconté mon exemple pour une seule raison : pour te montrer que je n'ai ni changé de direction ni changé d'avis. Une carrière ne se fait pas en un jour : il y a eu comme pour tout le monde des hauts et des bas, des périodes plus réussies que d'autres, mais je n'ai jamais remis en cause mon choix. Puisque je progressais, c'est que j'étais sur la bonne voie et j'ai persévéré dans ma direction initiale.

Souviens-toi

Quand la direction est approximative, on a peu de chances d'arriver à destination.

Et renoncer à ce qui te tient à cœur est un échec. Alors, persévère !

Le chapitre suivant va te paraître paradoxal, car il va t'inviter à t'inspirer des échecs et des perdants ! Oui, tu as bien lu : des échecs ! Il n'y a pas de meilleure leçon et de meilleure façon de rebondir que de comprendre pourquoi on a échoué.
En effet, trop de personnes pensent qu'il existe un secret pour réussir, une recette magique, un alignement d'étoiles fortuit. En d'autres termes, ils pensent que la réussite est liée à la chance. C'est faux. C'est le travail et la persévérance qui fabriquent la chance.

Souviens-toi encore

La chance récompense ceux qui persévèrent.

Chapitre 14

Inspire-toi des perdants !

Oui, tu as bien lu. Alors que la plupart des gens recommandent de suivre l'exemple des gagnants, ce chapitre va te révéler que paradoxalement les plus grandes leçons pour aller vers le succès sont celles que vont te délivrer ceux qui, à une période de leur vie, ont échoué.

J'ai bien écrit « à une période de leur vie ». Car je te rappelle qu'un échec n'est pas la fin d'une histoire, juste un incident de parcours. Comme tu l'as compris, si tu as lu attentivement le chapitre précédent, les erreurs et les échecs sont inévitables, mais ne les laisse pas te définir.

D'ailleurs, j'ai failli baptiser ce chapitre « Vive la chute ! Vive l'échec ! ».

« La réussite, c'est aller d'échec en échec sans perdre son enthousiasme », disait Churchill.
Inutile de préciser que je suis totalement d'accord avec cette maxime passée à la postérité.

Si je te racontais combien de pages et combien de chapitres j'ai mis à la poubelle et réécrits pour venir à bout de ce livre qui a l'air pourtant tout simple… L'écriture est une leçon d'humilité. Les occasions de se décourager sont quotidiennes. C'est long, lent, cela nécessite une montagne de rigueur et de persévérance. Et même lorsque ces qualités sont réunies, elles ne garantissent pas la qualité de ton travail. C'est pour cette raison que beaucoup de gens rêvent d'écrire des livres et n'y arrivent pas. L'écriture d'un livre met en œuvre tous les conseils que je distille dans ce livre sans pour autant sortir de ma zone de confort. C'est pour cela que je suis convaincue de leur pertinence.

Commençons par la syntaxe : remplace le mot « échec » par le mot « leçon » ou le mot « apprentissage ». C'est déjà plus constructif et plus positif. Tu as vu dans le chapitre 9 à quel point les mots influencent la perception de la réalité : choisis la majorité du temps des mots positifs.

Pour réussir donc, inspire-toi davantage des erreurs des perdants (pour ne pas les reproduire) plus que des stratégies des gagnants (qui ne sont pas forcément transposables). La réussite n'est pas une loterie, elle est le résultat d'un long travail. Bien sûr, tu trouveras toujours des gens qui t'affirment avoir réussi sur un coup de chance (c'est du moins ce qu'ils disent, est-ce la réalité ?). Tant mieux, mais ce genre de miracle concerne 0,1 % de l'humanité.

Tout le monde connaît la belle phrase de Nelson Mandela : « Je n'échoue jamais. Je gagne ou j'apprends. »

Puisque les perdants sont plus nombreux que les gagnants, il y a donc logiquement davantage de leçons à tirer de leurs erreurs. Elles doivent t'inspirer telles des leçons… à ne pas reproduire !

Souviens-toi

Même s'il provoque en toi une blessure, l'échec reste toujours un apprentissage. En le redéfinissant ainsi, tu réduis son impact émotionnel.

Je te rassure, chaque réussite porte son lot de revers, de retards, de déceptions...
Mais, c'est un phénomène classique, l'euphorie du succès tend à effacer les difficultés qui l'ont précédé. Lorsqu'on a atteint son but, on a tendance à relativiser les péripéties par lesquelles on est passé. C'est comme ça : le bonheur de la réussite nous fait oublier les difficultés rencontrées sur notre chemin. C'est pourquoi le récit des grandes réussites est souvent plus beau que la réalité, enjolivé, et par conséquent trompeur. C'est pour cela que nous avons tendance à penser que les personnes qui ont réussi ont eu de la chance, ont bénéficié d'un incroyable alignement des étoiles ou de circonstances favorables. C'est faux.
Car on ne se focalise que sur la stratégie qui a porté ses fruits et non sur les écueils surmontés. C'est une façon inconsciente de sublimer sa performance. C'est un peu comme un portrait photographique surexposé : il efface les rides, le résultat semble très beau, mais il n'est pas la réalité. La surexposition fait oublier les défauts.

C'est pareil pour le succès : la joie d'avoir réussi gomme les écueils qui l'ont précédé. C'est dommage, car il y a tant à apprendre d'eux.

Dans tout parcours, la lecture et l'analyse des échecs sont certainement ce qu'il y a de plus intéressant : comprendre les raisons d'un échec est le plus sûr moyen de mettre en place une stratégie pour rebondir.

Souviens-toi

Focalise-toi sur les erreurs et tires-en des leçons pour toi.

À ce titre, il est toujours très intéressant de lire des biographies de personnalités (artistes, sportifs, businesswomen ou businessmen, femmes ou hommes politiques…). En effet, au-delà de leur *success story*, cela permet de découvrir tout ce qu'ils ont dû surmonter pour atteindre leur but… C'est riche d'enseignements et souvent passionnant.

Je n'ai pas d'admiration particulière pour feu Bernard Tapie, dont les outrances et l'absence de moralité m'ont toujours dérangée. Mais je dois reconnaître que j'ai apprécié son biopic diffusé sur Netflix et magistralement interprété par Laurent Lafitte. Dans cette minisérie, on découvre, dans les premiers épisodes, les nombreux échecs qui ont jalonné le parcours de l'homme d'affaires, dont certains ont failli le laisser à terre : débuts de chanteur ratés, vente de téléviseurs en porte à porte, faillite de son magasin d'électroménager et d'équipement pour la maison, échec de son entreprise Cœur Assistance (qui lui a valu une première condamnation et un an de prison avec sursis)…
Elle met en exergue son extraordinaire capacité de résilience. Et son énergie à recommencer encore et encore et encore, jusqu'au succès que l'on sait.
Et je dois à l'honnêteté d'écrire que mon regard sur ce personnage a un peu changé. L'outrance qui me dérangeait s'explique certainement en partie par un ardent désir de revanche sociale…

J'écris cela, car il est intéressant de connaître les fiascos, y compris des personnes que tu n'apprécies ou n'admires pas. Il y a toujours une leçon à tirer.

Alors, maintenant que tu as un objectif « bon pour toi », maintenant que c'est plus clair et que tu es engagé dans sa réalisation, efforce-toi de comprendre pourquoi certains ont échoué... pour ne pas tomber dans les mêmes pièges.

Souviens-toi

Si tu sais tirer les leçons, plusieurs défaites peuvent conduire à une grande victoire.

Ce qui est intéressant dans l'échec, c'est la résilience dont il faut faire preuve pour le surmonter. Le mot résilience a plusieurs significations selon qu'on l'utilise en psychanalyse ou en coaching.

➡ En psychanalyse, la résilience renvoie à « l'ensemble des processus qui permettent à un individu de surmonter un traumatisme psychologique afin de se reconstruire ». Le concept de résilience psychologique a été très médiatisé par le neuropsychiatre Boris Cyrulnik.

➡ En coaching, la résilience est « la capacité à réussir à vivre et à se développer positivement, de manière socialement acceptable, en dépit du stress, d'adversité, des risques d'échecs ou d'échecs passés ».

Être résilient, c'est donc l'art « de surmonter » ou de « se remettre » d'un coup dur.

Comment ? En le dépassionnant, c'est-à-dire en le sortant de l'espace « cœur » pour le déplacer vers l'espace « tête ».
Qu'est-ce que cela signifie ?
Tout simplement que tu dois apprendre à ne pas être affecté émotionnellement par ce qui t'arrive. Les émotions sont mauvaises conseillères, elles troublent notre jugement et décuplent le sentiment de découragement.
Il faut donc immédiatement transférer cette émotion (qui vient du cœur) vers ton intellect (la tête) pour être en mesure de l'analyser et surtout de la relativiser. Plus tu apprendras à déplacer tes émotions vers ton intellect, plus tu seras en mesure de surmonter rapidement tes échecs, tes déceptions, tes déconvenues, tes coups durs.
Au lieu de te lamenter, de pleurnicher, de dramatiser, prends du recul : analyse, réfléchis, relativise, dézoome...
En transférant tes émotions vers ta tête, tu vas aussitôt, comme par magie, « réduire » l'impact des événements auxquels tu es confronté.
Là où l'émotion dramatise, l'analyse rationalise, éclaircit et ouvre un nouveau chemin et de nouvelles perspectives.

Souviens-toi

La réussite est le résultat d'une bonne analyse de l'échec.

Prenons une autre personnalité *successful*, Steven Spielberg, par exemple, l'un des plus grands réalisateurs du monde. Si on ne parle que de ses succès, de ses Oscars, de ses entrées au box-office, on oublie que ce génie du cinéma était considéré comme « fini » après la sortie de son premier film, *Sugarland Express*, dont Universal avait même refusé d'assurer la promotion.

Or, après ce flop, il n'a pas renoncé. Il désirait absolument devenir réalisateur. Pourtant, aucun studio ne voulait miser sur lui et encore moins lui avancer de l'argent.
C'est donc la façon dont il s'est relevé de cet échec, quelle leçon il en a tirée pour rebondir et comment il a fini par convaincre des producteurs d'investir (très peu) sur son film suivant (*Les Dents de la mer*) qui est intéressant. Bien plus que l'enchaînement de ses succès ensuite.
Ceux qui veulent en savoir davantage doivent lire sa passionnante biographie. Ils découvriront ainsi que le tournage des *Dents de la mer* a enchaîné les problèmes : un dépassement de budget, mais surtout l'un des requins mécaniques censés « jouer » un vrai requin est tombé en panne, ce qui explique que l'on ne voie pas ce fameux requin au début du film – un comble pour un long-métrage baptisé *Jaws* (« mâchoires » en anglais) et *Les Dents de la mer* en français !

Après son premier coup dur, Spielberg aurait pu se contenter de blâmer les autres, et il aurait vraiment eu des raisons. En effet, selon certaines infos, Universal aurait délibérément saboté la promotion de son premier film pour en soutenir un autre. Certes, c'est injuste, cruel, arbitraire... mais c'est la vie !
S'il s'était découragé, s'il avait renoncé, s'il avait baissé les bras, s'il s'était contenté de maudire la fatalité, de rendre les autres responsables de sa déception, s'il s'était positionné en victime..., Spielberg serait resté un anonyme parmi les millions d'aspirants au succès d'Hollywood.

Au lieu de cela, il a relevé les gants. Il s'est remis à l'ouvrage. Il a pensé différemment. Il a travaillé encore plus, a cherché un projet plus grand public, avant de repartir à la recherche d'investisseurs... Il a refusé d'être défini par ce premier échec. Ce qui doit être pour toi une source d'inspiration, c'est son comportement après son échec.

Souviens-toi

Si tu n'acceptes pas d'échouer, tu risques fort de te fermer les portes de la réussite.

La principale leçon que tu dois retenir, c'est qu'il n'y a pas qu'une seule façon d'atteindre un objectif. Si la porte est fermée, entre par la fenêtre. Si la fenêtre est fermée, passe par la cheminée... Fais preuve de créativité (l'une des *soft skills* les plus importantes) pour atteindre ton but ou réaliser ton rêve. Ceux qui ont réussi, ceux que tu admires, n'ont pas eu un chemin semé de roses. Eux aussi ont connu des refus, des échecs, des portes fermées, parfois même ils ont été découragés par des personnes malveillantes et qui auraient mieux fait de se taire.

À ce stade, j'en profite pour te parler de l'importance de ton entourage, car je crois à cette assertion : « Tu es qui tu fréquentes ! On ne devient pas un cheval de course en côtoyant des ânes. »
Il peut être précieux et intéressant d'écouter les avis de proches ou de personnes qui nous connaissent, nous apprécient et dont nous savons la bienveillance à notre égard. Ces dernières peuvent bien sûr nous donner sincèrement leur regard sur nos projets ou nos entreprises. Elles peuvent nous conseiller et nous encourager lorsque nous traversons des périodes de doutes.
Elles peuvent aussi nous mettre en garde, nous alerter sur les difficultés, nous remonter le moral, nous donner une nouvelle idée..., mais tu dois absolument éviter ce que j'appelle « les personnalités nocives ».

Je veux parler de ces personnes qui posent un jugement sur ta capacité à réussir de façon arbitraire. Des sceptiques, des aigris,

des jaloux qui ne supportent pas le succès ou même la seule idée du succès des autres et qui tentent de les « casser » avec des jugements définitifs dont les répercussions peuvent être terribles.
Sous couvert de te mettre en garde, ils enrobent souvent leur sentence d'un : « Moi, j'te dis ça pour ton bien ». Tu vois certainement ce que je veux dire. Alors, réponds à celui ou celle qui tente de te faire du mal en prétendant agir pour ton bien, que « pour ton bien » tu t'abstiendras dorénavant de le ou la voir.

Souviens-toi

Élimine d'urgence de ton entourage les personnes négatives et celles qui te dévalorisent.

J'adore cette phrase de la célèbre animatrice de télévision américaine Oprah Winfrey. Il y a quelques années, un journaliste l'interrogeait sur les secrets de son extraordinaire réussite : comment une femme noire s'était hissée à ce niveau et était devenue la présentatrice la plus riche et la plus célèbre des États-Unis, transgressant le double écueil du sexisme et du racisme ?
Elle avait répondu avec son extraordinaire bon sens et son aplomb.
« Je vais vous dire mon secret. Je vais le révéler pour la première fois... » Elle a marqué une pause de quelques secondes durant laquelle le journaliste a sans doute imaginé qu'il allait avoir un énorme scoop. Puis, elle a repris :
« Mon secret, voyez-vous, c'est qu'il n'y a pas de secret. Quel que soit votre but, vous l'atteindrez si vous travaillez dur. »

Nous y reviendrons plus loin sur la véritable signification de « travailler dur » sur laquelle beaucoup se méprennent (voir chapitre suivant). Mais dans ce cas, « travailler dur » signifie aussi ne pas baisser les bras après un échec. La reine du divertissement n'a vraiment pas connu des débuts faciles. Celle dont le nom est aujourd'hui une marque *bankable*, comme disent les Américains, s'est fait virer de son premier emploi à la télé. Elle avait été jugée « inapte pour la télévision ». Malgré cette sentence, Oprah n'a pas baissé les bras.

Il faut rappeler qu'elle vient de loin. Après une enfance difficile dans un milieu très pauvre, élevée en partie par sa grand-mère, et la perte d'un enfant à l'adolescence, Oprah ne renonça jamais à son ambition de s'en sortir, coûte que coûte.

Surmonte l'échec

Ne te lamente pas sur ton échec. Garde en tête qu'après un entretien raté, un projet avorté, un contrat perdu, un divorce... il y aura tôt ou tard, un autre moment, une autre opportunité, une autre occasion, un autre travail, un autre amour...

Souviens-toi

Comme le printemps succède à l'hiver,

Comme le jour se lève après la nuit même la plus sombre,

Tu peux renaître aussi pour te réinventer.

Ce n'est pas grave de tomber, car tout le monde tombe un jour ou l'autre. Ce qui est grave, c'est de ne pas se relever. Si tu vis ton échec comme un passage obligé, un apprentissage, un mal nécessaire pour progresser, tu changes aussitôt de psyché, tu renforces ta capacité à réagir.

L'échec apprend surtout l'art de rebondir. Moins tu t'attardes sur ta déception, plus tu décuples tes chances de rebondir.

Savoir gérer un échec est l'un des défis les plus importants que l'être humain ait à relever, un enjeu déterminant pour chacun d'entre nous. Nous le sentons autant que nous le savons. Après un échec, il y a ceux qui renoncent, qui perdent confiance et qui abandonnent et ceux qui persévèrent et rebondissent. Ceux qui sont abattus et ceux qui disent : « Ce n'est pas grave ».
Or, ce que certains vivent comme la fin d'une aventure ou d'un rêve, d'autres le vivent comme un nouveau départ. C'est ce qu'illustre le dessin du crayon ci-après. Non seulement le crayon a été cassé, mais à l'arrivée il y a deux crayons !

Or, nous avons tous les capacités de rebondir après un coup dur... tous !
À condition de sortir rapidement de l'état émotionnel dans lequel il nous a plongés, de savoir prendre du recul pour analyser ses causes, sans occulter notre part de responsabilité. Oui, cessons cette détestable habitude de blâmer les autres, plutôt que d'admettre et de reconnaître nos erreurs. Et si nous estimons que c'est à cause d'un autre que l'on a échoué, eh bien, il est de notre responsabilité de mieux choisir notre entourage à l'avenir.

Souviens-toi

Si tu sais sourire de tes échecs,

Si tu sais les analyser et les relativiser,

Tu es sur le chemin du succès.

La faculté à surmonter un échec est un état d'esprit, tout comme l'optimisme ou la joie de vivre. Alors, pour t'aider à te relever en cas de coup dur, voici quelques stratégies qui ont fait leurs preuves.

Stratégie 1 : prévois l'imprévu.
Avant de te lancer dans un projet qui te tient à cœur et de préparer ta stratégie, tu dois absolument te conditionner mentalement et envisager que le chemin sera certainement plus compliqué que tu ne l'imagines. Intègre les retards, les déconvenues, les refus, les difficultés, les trahisons. Considère qu'ils font partie du voyage et du processus. C'est très important : tu pourras alors dire, quoi qu'il arrive : « Pas grave, je m'y attendais... je vais faire différemment » ou « Voici mon plan B pour passer outre ». Cela t'évitera de tomber de haut et de surdramatiser. Cet état d'esprit est important.

Stratégie 2 : accepte les coups durs.
Une fois que tu as intégré l'imprévu dans ta stratégie, tu es donc prêt de la même façon à intégrer un échec. Appelons cela plutôt des embûches, des incidents de parcours, des retards... La route vers le succès n'est pas une autoroute, mais plutôt un sentier escarpé, avec des pièges, des chausse-trappes, de mauvaises directions parfois. Donc, équipe-toi et structure ton mental en conséquence.

Stratégie 3 : prends de la distance.
Après une déception, respire ! Repose-toi. Prends du recul. Ne réagis pas à chaud. Laisse passer au moins une bonne nuit de sommeil. Ne dramatise pas et ne t'accable pas. Et, surtout, ne te dévalorise pas. Cela reviendrait à perdre confiance en ta valeur alors que ce n'est que la stratégie qu'il faut rectifier. Transfère – comme expliqué plus haut – ton émotion vers la tête pour être en mesure de l'analyser.

Stratégie 4 : liste ce qui est réussi même quand tu as échoué.
Ce point est très important. Il s'agit de reconnaître et célébrer ses petites victoires. Dans un échec, il y a toujours du positif. Apprends à le voir. Es-tu sûr d'avoir tout raté ? À froid, repasse-toi le film, décompose ta stratégie, note ce qui a marché et valorise-le. Il y a toujours des aspects constructifs. C'est le moment de t'appuyer sur ton entourage pour t'aider à chercher les points positifs si tu ne les vois pas.

Stratégie 5 : apprends la leçon.
Comment améliorer ce qui n'a pas fonctionné pour que cela fonctionne la prochaine fois ? Qu'as-tu appris ? Que dois-tu changer ? Ne tarde pas à te remettre au travail. Tourne la page. Ne ressasse pas. Passe à la suite.

Stratégie 6 : dis-toi que ce n'est pas grave.
Répète-toi que « ce n'est pas grave », « ce n'est pas grave », « ce n'est pas grave », car en réalité… ce n'est pas grave ! Puis, cours t'offrir un petit plaisir : un verre avec des amis, rire avec eux, faire du sport, marcher en forêt ou sous la pluie, achète-toi des bonbons ou un gâteau… Refais-toi une santé, requinque-toi. Même si cela n'a pas marché cette fois, tu as bien mérité de te faire plaisir.

Souviens-toi

Évite l'autosabotage. Plus on se dévalorise, plus la pente est dure à remonter.

À chaque échec, félicite-toi !
Oui, tu as bien lu. Félicite-toi d'avoir essayé et félicite-toi d'avoir appris quelque chose au lieu de te lamenter. C'est exactement ce que Churchill nous enseigne dans la phrase que j'ai citée plus haut. Lorsqu'il affirme que le succès c'est aller d'échec en échec sans perdre son enthousiasme. Si tu te réjouis de chaque apprentissage que tu as tiré de ton échec, tu garderas ton enthousiasme. Chaque fois que tu tires une leçon, tu dois être content d'avoir échoué ou plus exactement content d'avoir appris. C'est en cela que ce chapitre est essentiel. Inspire-toi des perdants et des expériences ratées des autres et des tiennes.
Tire une leçon et interroge-toi. Les échecs n'arrivent pas par hasard. Il y a toujours quelque chose qui a cloché, quelque chose que l'on a négligé, sous-estimé, pas assez travaillé. Cherche ! Rien n'arrive par hasard !
Ta responsabilité est de chercher ce qui t'a manqué et de te nourrir de cette leçon. Fais ainsi de chaque échec un marchepied pour te hisser vers ton succès.

À toi !

Liste ici ce que tu as appris de ton dernier échec et ce que tu vas faire différemment.

Ce que j'ai appris :

Ce que je vais changer :

Nous avons tous tendance à minimiser nos réussites et à accorder une importance démesurée à nos échecs. **Pourtant, chaque jour, nous commettons des erreurs et chaque jour nous connaissons des réussites (même si ce sont de « petites » réussites). Mais curieusement, nous ne savons pas en prendre conscience, nous les dévalorisons : c'est ce qu'on appelle l'autosabotage. Or, prendre conscience et valoriser tes petits succès, tes petites réalisations,** est précisément ce qui va doper notre confiance en nous !

Arrête de manquer d'indulgence vis-à-vis de toi-même. Apprends à t'aimer et pardonne-toi.
Il est urgent d'apprendre à prendre conscience de tes accomplissements, même ceux qui te paraissent insignifiants.

Pour comprendre comment te valoriser en toutes circonstances, y compris après un échec, lis attentivement le tableau ci-dessous.

Je me lance dans un projet.

↓

Je réussis.
J'obtiens ce que je veux.

↓

Je reconnais ainsi ma valeur.
Je me félicite, je me réjouis.

↓

Je ne minimise pas mon succès.

↓

Je réfléchis à la prochaine étape.
J'exprime mes sentiments et mes envies.

J'agis. Je mets en place une stratégie.

↓

Le résultat espéré n'est pas au rendez-vous. Je suis déçu.

↓

Ma valeur n'est pas en cause.
Je dois revoir ma stratégie.

↓

Je relativise.
J'apprends. Je cherche le positif.

↓

Je continue ou je recommence.

Souviens-toi

L'échec est par nature inévitable. Ta responsabilité est de le surmonter.

J'avais promis de te donner beaucoup d'exemples dans ce livre, pour t'inspirer, pour te motiver, et surtout pour te rebooster près un échec ou un coup dur. Car les gagnants ne sont jamais que des perdants qui ont surmonté leurs coups durs. La preuve avec les exemples qui suivent. En les lisant, ne te pose pas la question de savoir si tu aimes ou pas les personnalités citées, ce n'est pas le sujet. Attarde-toi uniquement sur leur histoire.

Souviens-toi

Un grand succès est une histoire émaillée d'échecs.

Le succès peut être un chemin sinueux. Le succès est la partie émergée de l'iceberg. Il y a ce que tu vois (le résultat) et ce que tu ne vois pas (les efforts, la constance, les échecs surmontés, les difficultés...).

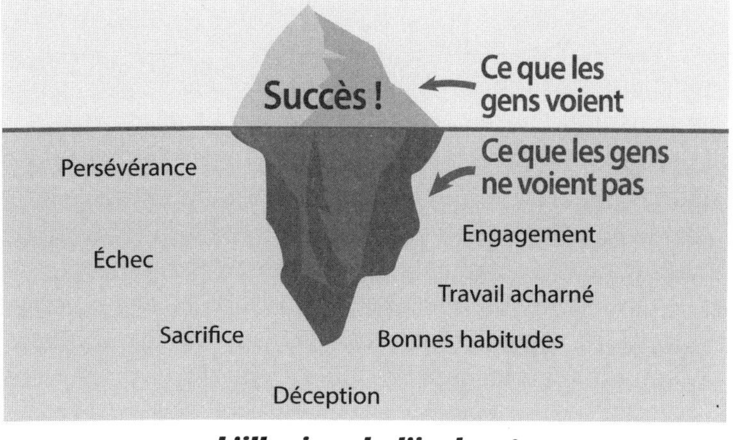

L'illusion de l'iceberg

Les petites histoires des histoires extraordinaires

Et toi, qu'aurais-tu fait à leur place ?
Dans les histoires d'échecs ci-dessous de personnalités connues, tu vas donc faire l'exercice de te projeter à leur place. Et après leur lecture, tu écriras la stratégie que tu vas mettre en place, toi, en quelques lignes, pour atteindre ton but.

Jennifer Lopez : recalée dans des dizaines d'auditions.
Originaire du Bronx, fille de parents portoricains pauvres, Jennifer Lopez s'est retrouvée à la rue après un conflit avec sa mère qui souhaitait qu'elle poursuive ses études à la fac alors qu'elle voulait devenir danseuse.
À la rue, J-Lo squatte le canapé du studio de danse où elle s'entraîne. Elle enchaîne les castings et les auditions pour jouer des rôles de danseuses dans des clips ou des films, et essuie des dizaines de refus.
D'autant que, à ses débuts, les diktats en vigueur dans la mode penchaient plutôt pour des blondes longilignes avec peu de formes. Autrement dit, elle n'était pas du tout dans l'air du temps. Elle-même qualifie cette période de « très difficile » d'autant que certains – les fameuses « personnalités nocives » dont je parlais plus haut – n'hésitaient pas à trouver sa démarche ridicule et ne la prenaient pas au sérieux.
« **Je me souviens que je mangeais un seul morceau de pizza tous les jours quand j'étais danseuse** », a-t-elle confié un jour au magazine *Gala*.
Malgré cela, à force de persévérance, elle finit par décrocher un premier petit rôle… On connaît la suite.

Harrison Ford : Indiana Jones a failli redevenir menuisier.

Venu tenter sa chance à Hollywood, Harrison Ford obtient un contrat à 150 dollars la semaine avec la Columbia pour de tout petits rôles et des apparitions secondaires dans des séries télé. Mais personne ou presque ne veut l'engager : non seulement on lui reprochait son manque de charisme, mais il avait la mauvaise habitude de critiquer les scénarios qui lui étaient proposés. Les studios le jugèrent arrogant et n'apprécièrent pas son franc-parler. **Pour faire bouillir la marmite en attendant des jours meilleurs, il propose ses services comme menuisier-charpentier. Il est à deux doigts d'abandonner ses ambitions dans le cinéma.** Parmi ses clients : George Lucas, un jeune réalisateur inconnu qui a besoin de quelqu'un pour faire des travaux chez lui. Celui-ci lui proposera un rôle dans son film *American Graffiti*.

J. K. Rowling : quand personne ne voulait de *Harry Potter*.
Elle le dit aujourd'hui avec humour : « J'étais, à tous égards, la plus formidable ratée que j'aie jamais connue » !
Pauvreté, chômage, divorce, violence de son mari... J. K. Rowling, créatrice de *Harry Potter* ne partait pas, c'est le moins que l'on puisse dire, avec les meilleurs atouts. Pendant une énième période de chômage, jeune mère de famille, dépressive, vivant grâce aux allocations, elle s'installa tous les jours dans un café (parce qu'il y avait le chauffage, contrairement à chez elle) pour écrire (pendant sept ans !!!) les aventures improbables d'un petit sorcier prénommé Harry Potter. Mais, avant de devenir un best-seller international, *Harry Potter* rencontra des dizaines de refus d'éditeurs (certains doivent encore s'en mordre les doigts). Parmi les raisons invoquées : les tomes sont trop longs, jamais les enfants ne les liront ! À force de persévérance, un agent littéraire, Christopher Little, accepta de l'aider à faire publier son œuvre.

Elle est devenue depuis le « premier écrivain milliardaire en dollars ». Une belle leçon !

Arthur : l'animateur le plus con qui n'était « pas fait pour ce métier ».

Il le raconte aujourd'hui en souriant avec une certaine bonhomie et une belle dose d'humour. À ses débuts sur Fun radio (après être passé par Carbone 14, RFM, Skyrock, Kiss FM...), Arthur s'était autobaptisé « l'animateur le plus con de la bande FM ». Il rejoignit ensuite la station Europe 1, etc.

Un jour de 1986, il avait 20 ans et avait rendez-vous avec le directeur des programmes d'Europe 1 : « Je me souviens de moi, flippant, dans le hall d'accueil d'Europe 1, avec mes yeux de môme. Il y avait du marbre au sol, le logo bleu de la station en néon, raconte-t-il. Je me présente à lui et je lui fais écouter ma K7 démo. Au bout d'une minute 30 secondes, il la mit sur pause. Après un long silence, il me dit : "Je crois que vous n'êtes pas fait pour ce métier."

Sur le moment, l'animateur raconte qu'il était assommé, mais il ne se découragea pas, il se forgea un caractère et persévéra. Petit clin du destin, il rejoignit Europe 1 quelques années plus tard.

Stephen King : le roi de l'horreur a vécu un cauchemar.

Auteur de 60 romans et 200 nouvelles, Stephen King a bien failli passer à côté de sa carrière d'écrivain. Il vit ses trois premiers romans refusés par des maisons d'édition (*Rage* [publié finalement en 1977], *Blaze* [publié en 2006] et *The Running Man* [publié en 1982]).

Puis, à 25 ans, il entreprit la rédaction de son roman, *Carrie* (qui deviendrait son premier succès). Mais, peu convaincu par la qualité de son texte, il le jeta à la poubelle et décida de l'abandonner. Son épouse récupéra le manuscrit et le convainquit de poursuivre. Il l'écouta, finit le livre, mais il n'était pas au bout de ses peines : son manuscrit fut refusé 30 fois par les éditeurs. **À bout de patience, King le jeta de nouveau. Nouvelle intervention de son épouse.** King proposa alors son manuscrit une dernière fois, et il fut accepté ! Pour la petite histoire, l'éditeur qui accepta de publier *Carrie* ne croyait pas vraiment au livre. Et après ce succès, King décida de se consacrer pleinement à l'écriture.

Comme tu le vois, l'échec est l'expérience la plus partagée au monde. Pas de quoi donc en faire un drame. La peur de l'échec ne doit plus te paralyser après la lecture de ce livre. Utilise ce dernier comme un marchepied et fonce !

À toi !

Et toi, quelle stratégie gagnante aurais-tu mise en place ?

____

____

____

____

____

Résumons :

- À ce stade, tu n'es toujours pas sorti de ta zone de confort puisque tu n'as fait qu'observer la façon dont les autres ont surmonté leurs coups durs. Plus tu en tires les leçons adéquates, plus tu restes dans ta zone de confort.

- Ne crains pas le regard des autres, car c'est justement la crainte du regard des autres, de leur jugement, de ce qu'ils vont penser, qui paralyse à tort.
- Connais-tu la phrase de Georges Clemenceau : « Il n'y a qu'une seule façon d'échouer, c'est d'abandonner avant d'avoir réussi » ?
- Et celle d'Aristote « Il n'y a qu'une seule façon d'éviter les critiques. Ne dis rien, ne fais rien, ne sois rien » ?

Est-ce vraiment ce que tu veux pour toi ?

Une fois que tu as tiré des enseignements des échecs d'autrui. Travaille et affine ta stratégie. Si eux ont réussi, tu le peux aussi. Trop de gens restent enfermés entre des murs qu'ils ont eux-mêmes construits. Ne tombe pas dans cet écueil : casse ces murs.

Alors, apprends et apprends encore les leçons des échecs des autres.

Notebook de valorisation

Pour finir ce chapitre, utilise un *notebook* de valorisation : choisis un beau cahier (pas un carnet), un cahier grand format.
Pense aux personnes dont tu admires la réussite, qu'elles soient connues ou pas, dans ton entourage.

Note sur une page les écueils et leurs échecs ou coups durs et comment elles les ont surmontés.
Note tout en détail…

- Ce qu'elles visaient.
- Pourquoi elles ont échoué.
- Ce qu'elles auraient dû faire.
- Et tires-en une leçon pour toi.

Ensuite, sur ton *notebook* de valorisation, note le regard que tu portes sur tes réalisations. Partage une feuille en trois colonnes.

- À gauche, note ce que tu estimes ne pas avoir réussi.
- Au milieu, note ce que tu aurais dû faire, ce que j'appelle la stratégie alternative.
- À droite, note la leçon que tu as apprise et la stratégie que tu vas mettre en place la prochaine fois.

Tu vas être surpris de la vitesse à laquelle les choses vont s'éclaircir et de la prise de conscience que va susciter en toi ce simple exercice. Et de la clairvoyance que tu vas retirer de cet exercice.

Chapitre 15

Vive la routine !

Au début, cela me consternait, mais maintenant cela me fait rire ! Oui, quand je lis ou entends que la routine est un frein à la réussite et que la mise en danger serait un moteur (comme l'affirment tous ceux qui veulent absolument que tu sortes de ta zone de confort), je ris. Et, si je suis honnête, je suis quand même un peu triste pour ceux qui tombent dans le panneau.

Je l'ai éprouvé des centaines de fois durant mes coachings : lorsque mes coachés prennent conscience que ce sont la répétition et la routine qui fabriquent le succès, ils sont soudain euphoriques. Tout simplement parce qu'ils comprennent qu'ils ne sont pas obligés de se mettre en danger pour progresser.

Attention, ne me fais pas écrire ce que je n'ai pas écrit !
Une poussée d'adrénaline peut être très stimulante pour se mettre en mouvement ou pour se motiver. Certains ont besoin d'un coup de stress et de se faire quelques frayeurs pour se secouer et démarrer. L'adrénaline est une hormone sécrétée par l'organisme pour répondre physiologiquement à une situation de stress, qui fonctionne dans le cas qui nous préoccupe comme un booster. Ça peut être extrêmement bénéfique pour donner

une impulsion : démarrer une nouvelle expérience, relever un défi, oser aborder quelqu'un...

Mais le stress (avec la poussée d'adrénaline qui l'accompagne) est un stimulant de court terme. À haute dose, il nous épuise et peut même déboucher sur l'effet inverse, le burn-out ! Une gazelle qui repère un prédateur peut courir à plein régime quelques minutes pour lui échapper. En revanche, elle sera incapable de maintenir un tel rythme pendant des heures. Elle s'épuisera. Heureusement pour elle, il en va de même pour le prédateur. S'il n'attrape pas sa proie rapidement, il va lui aussi s'épuiser.

C'est pareil pour l'être humain.
Notre organisme et notre cerveau ne sont pas formatés pour subir en permanence du stress. Ils sont en revanche parfaitement adaptés pour les efforts sur le long terme : la persévérance, l'habitude et, bien sûr, la routine. Et contrairement à une croyance limitante, élaborer une ou des routines n'est pas ennuyeux du tout. Au contraire ! C'est formidablement stimulant de construire des stratégies pérennes et solides sur le long terme. La force qu'on en retire est phénoménale. Elle est la fondation sur laquelle tu vas bâtir toute ta réussite.
Si tu n'es pas prêt à cette discipline pour atteindre ton rêve ou une forme d'excellence qui serait la meilleure version de toi-même, ferme ce livre ! Retourne scroller sur les réseaux sociaux, regarder la télé, perdre du temps sur ton smartphone avec tes potes, jouer les blasés ou t'empiffrer de sucre... En revanche, si tu es en train de comprendre que ce livre est la première marche de ton succès parce qu'il te propose des stratégies imparables, alors tu es au bon endroit, continuons ensemble.

Personnellement, si j'ai écrit et publié une vingtaine de livres, c'est en me pliant à une routine et une discipline strictes. Pourquoi ? L'écriture est un travail si long, si laborieux et si ingrat, qu'il est impossible de ne pas avoir de routine pour aller au bout d'un livre. Il faut sans cesse relire, effacer et recommencer. Un simple coup d'adrénaline comme booster matinal n'y suffirait pas.
J'ai eu envie d'écrire mon premier livre à 26 ans et j'ai vite compris que je n'y arriverais pas si je ne me pliais pas à une routine implacable. Et si j'ai continué, c'est parce qu'à chaque fin de journée, l'effort consenti m'apporte énormément de bonheur, de surprises et, j'ose l'écrire, une sorte de magie. Il y a toujours une récompense après un effort, une fierté, une satisfaction qui justifient notre engagement. Et qui nous donnent envie de recommencer le lendemain. Il n'y a rien de plus gratifiant, rien qui ne rend plus heureux que le sentiment de progresser. Toutes les études en neurosciences le confirment. Chaque fois que nous progressons, notre niveau de bonheur augmente. Et nous progressons comment ? Par les répétitions d'efforts réguliers, on y revient toujours !

Souviens-toi

Le travail constant et régulier paie toujours.
Et il paie très bien !

Ce qui est formidable avec la routine, c'est comme tout le monde pense que c'est quelque chose d'ennuyeux, rares sont ceux qui acceptent de s'y plier. C'est pour cela qu'il y a moins de monde au sommet de la montagne : tant de gens ont renoncé en chemin.

Or, après avoir défini ton objectif, après avoir découpé le mammouth, après avoir enclenché un changement en profondeur avec la stratégie des petits pas, la mise en place d'une routine vient boucler ta stratégie et ancrer tes chances de succès.
Ces différentes strates d'engagement additionnées les unes aux autres, qui se nourrissent, s'interpénètrent, constituent de puissants outils au service de ton objectif et ta réussite.
J'aime bien comparer cela à une séance de musculation du ventre : après avoir travaillé les transverses (les muscles du ventre les plus profonds), les obliques internes, les grands droits, c'est le travail des obliques externes (ces muscles qui recouvrent tous les autres) qui finira d'aplatir ton ventre et de structurer visiblement tes abdos.

Contrairement à la stratégie des petits pas qui se battit au jour de jour, avancée par avancée, la routine, elle, peut se programmer. Elle peut être quotidienne ou hebdomadaire. En tout état de cause, une fois que tu l'as déterminée, respecte-la. C'est sa répétition sur la durée qui te donnera les résultats escomptés.

Exemples :
Si tu veux avoir un ventre ferme et musclé, c'est une routine de mouvements d'abdominaux quotidienne (dans l'ordre énoncé ci-dessus) qui te permettra d'atteindre ton but. Ainsi, si tu décides de faire 300 abdos tous les matins, ton corps en quelques semaines changera. C'est aussi mathématique que physique.

Si tu t'imposes comme routine d'appeler 10 clients par jour, tous les jours de la semaine, systématiquement, que tu sois en forme ou fatigué, quelle que soit ton humeur, en quelques semaines, tu augmenteras ton portefeuille de clients.

En m'astreignant comme routine quotidienne d'écrire tous les matins de 5 h 30 à midi, je suis venue à bout de l'écriture du livre que tu as entre les mains en quelques mois.

En revanche, si tu déroges à cette routine, si tu arrêtes tes séances d'abdominaux, ou si tu ne les fais que deux fois par semaine, si tu cesses d'appeler tes clients ou si je m'abstiens de m'installer jour après jour devant mon ordinateur, tu n'auras pas d'abdos ou moins, tu auras moins de clients et je ne finirai pas de livre ou alors en retard.

Le sais-tu ?

Il faut 66 jours pour changer une habitude en se pliant à une routine quotidienne. Deux mois ! À toi de voir si tu trouves cela rapide ou non.

OK, tout cela, c'est bien beau, c'est de la théorie (et chacun d'entre nous sait que dans ce pays que l'on appelle la Théorie, tout est possible), alors comment faire concrètement ?

Exemples de routines faciles

Voici trois techniques vraiment efficaces pour contrer les stratégies d'évitement.

La stratégie du Post-It.
Le premier geste que tu dois faire pour respecter une routine est de l'inscrire dans ton agenda et dans plusieurs endroits de ton univers quotidien.

- Sur ton agenda papier ;
- dans le calendrier de ton smartphone ;

- sur un tableau au mur de ton bureau ;
- sur des Post-It placés sur le réfrigérateur, sur le miroir de ta salle de bains, sur ta table de nuit ;
- sur le tableau de bord de ta voiture...

L'idée de cette méthode est de contrer toute stratégie de contournement lorsque tu auras envie de te soustraire à ta routine. Dans presque chacun de tes actes quotidiens, ces petits rappels disséminés un peu partout fonctionneront comme de petits aiguillons, ils viendront titiller ta mauvaise conscience... Et pour te débarrasser de cette mauvaise conscience et tu finiras par accomplir ta routine ! Redoutablement efficace.

La stratégie du perroquet ou du disque rayé.
Demande à une ou plusieurs personnes de ton entourage de jouer au perroquet. En quoi cela consiste ? Au moment où tu décides de mettre en place une routine, sollicite des proches qui seront chargés de te demander tous les jours, voire plusieurs fois par jour, si tu as tenu ton engagement routinier. En d'autres termes de se comporter comme des perroquets ou comme un disque rayé en te posant continuellement la même question : « As-tu fait ta routine ? », « As-tu fait ta routine ? », « As-tu fait ta routine ? »
Cette personne peut être celle avec qui tu vis, ton ou ta meilleur(e) ami(e), ton frère, ta sœur, ta mère... qu'importe ! Leur mission sera de t'interroger quotidiennement, tous les jours, voire plusieurs fois par jour, pour te confronter à tes actes ou à ton absence d'actes. Forcément, ça va t'agacer, mais ces personnes ne feront que jouer le rôle que tu leur auras assigné.

La stratégie du saut du lit.
C'est personnellement celle que je préfère et que j'applique : accomplir ta routine le plus tôt possible le matin, voire à ton réveil, de façon à t'en débarrasser (ce qui ne veut pas dire la

bâcler) et démarrer ainsi la journée de la meilleure façon possible et en étant d'emblée satisfait de toi. J'appelle aussi « le principe de la grand-mère » : car la mienne me répétait : « Ce qui est fait n'est plus à faire ! » Et ainsi tu peux immédiatement passer à autre chose !

Toutes ces méthodes sont efficaces. Choisis celle qui est le plus adaptée à ton tempérament ou à ton style de vie. Ne tarde pas à commencer, le changement sera visible plus rapidement que tu l'imagines. Tu ne peux pas rattraper le temps perdu, mais tu as le pouvoir là maintenant tout de suite d'arrêter de perdre du temps. La routine est un moyen simple, accessible et facile à mettre en œuvre pour reprendre la main sur ton destin. Une façon de rester concentré sur ce qui te tient à cœur et non pas sur ce qui te distrait. C'est un rituel puissant qui te permet d'arrêter de procrastiner.

Souviens-toi

Les routines créent des habitudes.

Les habitudes créent ta nouvelle vie.

Les routines et les nouvelles habitudes ainsi créées te permettent de bâtir un pont entre l'impossible et le possible. Au fil des jours, elles te permettent de réenvisager tes possibilités sous un jour nouveau. Ton état d'esprit change, car tu es en mouvement. Et tu n'es déjà plus la même personne que celle que tu étais juste avant d'avoir commencé.

Souviens-toi encore

Tôt ou tard, tu es ce que tu as fait !

De la même façon que l'on dit qu'il n'y a pas de mots d'amour, mais seulement des gestes d'amour, nous sommes toujours le résultat de nos actions et non de nos paroles.
Si j'ai un conseil à te donner dans ce chapitre : arrête de dire que tu vas le faire, fais-le ! J'ai la conviction profonde que le monde se divise entre deux catégories : ceux qui rêvent et ceux qui osent.
En installant de nouvelles habitudes, tu passes dans le camp de ceux qui veulent changer. Il n'y a que toi qui peux décider ce changement. Personne ne peut réussir ta vie à ta place.
La mise en place de routine et de nouvelles habitudes a aussi une vertu fondamentale : tu cesses de regarder le passé (de ressasser tes regrets, ce que tu n'as pas réussi ou pas fait). L'action installe dans le présent.

Souviens-toi

Le changement est une porte qui ne s'ouvre que de l'intérieur et toi seul a la clé.

À toi !

Prends maintenant l'engagement de créer des routines et de nouvelles habitudes pour ancrer ta volonté de changer.

Quelle routine vas-tu adopter à partir de demain et tous les jours qui suivent pour te rapprocher de ton objectif ?

Note-la et ne tarde pas à commencer.

Chapitre 16

Pour rester dans ta zone de confort, sois proactif plutôt que réactif !

Pour prendre ton destin en main, pour garder la direction, pour maîtriser ta vie, apprends à être proactif plutôt que réactif.

Mais au fait quelle est la différence ?
Pourquoi préférer être proactif alors que l'on nous a tous appris depuis l'enfance à être réactifs, c'est-à-dire à répondre et à nous adapter aux événements.

Le réactif planifie peu et passe l'essentiel de son temps à réagir aux différentes circonstances qui se présentent à lui et aux urgences. C'est une qualité importante, car il est bon de savoir répondre aux impondérables du quotidien. L'envers de la médaille est que le réactif passe l'essentiel de son temps à s'adapter.

Le proactif, lui, planifie, anticipe. Il a défini sa stratégie et ses priorités. Il est moins surpris par les circonstances que le réactif, car il a une vision. Il peut s'adapter lui aussi aux circonstances, mais mieux et plus rapidement que le réactif, car il les a anticipées. Il est moins surpris par l'imprévu. Comme on le dit aux échecs, il a toujours un coup d'avance.
Et cela change tout, que ce soit dans ses attitudes ou sa façon de s'exprimer.

Commençons par le langage qui est facilement observable.

Les paroles réactives *versus* les paroles proactives

Les mots que nous utilisons constituent un excellent indicateur de notre degré de proactivité ou de réactivité. Ils en disent beaucoup de nous et de la façon dont nous interagissons avec notre environnement. Bref, dis-moi comment tu t'exprimes, je te dirai qui tu es.

Il y a donc deux catégories de personnes : les réactives et les proactives ! (En réalité, il y en a trois : les proactifs, les réactifs et les passifs, mais je pars du principe que, si tu lis ce livre, tu n'es pas dans la catégorie des passifs.)

Il suffit d'écouter une personne s'exprimer pour comprendre dans quel camp elle est.

Le langage réactif est souvent un langage fataliste, d'acceptation des situations, comme si on n'y pouvait rien changer. Il est assez proche du langage du passif, en réalité. Ce langage incite implicitement à baisser les bras ou à se résoudre à une situation qui ne nous convient pas complètement.

Voici quelques expressions qui trahissent des personnes réactives :

« Je suis obligé. »

« Que veux-tu que je fasse ? » (formule vicieuse qui nous renvoie la responsabilité de la réponse)

« C'est l'histoire de ma vie. »

« Comme d'habitude, j'ai eu une réponse négative. »

« C'est tout moi, ça. »

« C'est comme ça, je n'y peux rien. »

« Je ne peux pas changer. »

« Cela me rend malade… »

« Ce n'est pas ma faute… »

« Je n'y arriverai pas… »

« J'ai le c… entre deux chaises. »

« Comment veux-tu que je trouve le temps ? »

« Je n'ai pas osé. »

« Je dois… »

Comme tu l'as compris, le langage réactif est le langage de quelqu'un qui subit son environnement et qui se laisse bringuebaler par les aléas. Il peut y répondre et s'y adapter, mais il est celui de personnes qui n'ont pas choisi de direction, qui suivent la direction des autres. Des personnes qui n'ont pas tout à fait la vie qu'elles désireraient, mais qui s'en contentent, qui acceptent la moyenne ou la médiocrité et qui ont renoncé à l'excellence.

Le contexte est toujours plus fort que leur motivation. C'est un prétexte en or pour justifier leur paresse. Au moment où je suis en train d'écrire les pages de ce livre, nous sommes à quelques jours du premier tour des élections législatives en France (en juin 2024), provoquées par le président Emmanuel Macron après le résultat des élections européennes.
Le climat est absolument délétère et anxiogène dans le pays. Tout le monde annonce la victoire des extrêmes. Et tous les observateurs prophétisent des soulèvements et peut-être même une guerre civile.
Si je me laissais polluer par cette atmosphère, et si j'adoptais un langage fataliste, je pourrais me dire : « À quoi rime d'écrire un livre sur la zone de confort dans de telles circonstances ? », « Est-ce bien le moment ? », « Qui cela va-t-il intéresser ? », « Va-t-il se vendre ? », « Est-ce que je ne devrais pas renoncer et laisser plutôt que de me fatiguer, peut-être pour des prunes ? » et ainsi de suite...
Ces idées, bien sûr, me traversent l'esprit. Mais j'ai décrété qu'elles ne prendraient pas le pouvoir sur moi. Pourtant, je suis comme tout le monde, je suis très consciente du contexte et inquiète pour mon pays. Malgré les incertitudes, je reste déterminée. J'ai décidé depuis plusieurs mois d'écrire ce livre, et je le finirai parce qu'il constitue un objectif très important pour moi. J'y mets un point d'honneur. Renoncer serait une profonde déception personnelle, une perte d'estime de moi-même, une insatisfaction qui finirait sans doute par jouer sur mon humeur. Si tu as envie de traverser l'Atlantique en bateau, mais que tu renonces au premier grain, reste chez toi ou prends l'avion !

Remplaçons maintenant le langage du réactif par celui d'un proactif :

« Je suis obligé. » > « Quelles sont mes autres options ? »

« Que veux-tu que je fasse ? » > « Je vais voir ce que je peux faire. »

« C'est l'histoire de ma vie. » > « Je vais changer d'attitude. »

« Comme d'habitude, j'ai eu une réponse négative. » > « Je vais modifier ma façon de me présenter. »

« C'est comme ça, je n'y peux rien. » > « Je vais aborder les choses différemment. »

« Cela me rend malade... » > « Je reprends le contrôle de mes émotions. »

« Ce n'est pas ma faute... » > « Quelle est ma responsabilité ? »

« Je n'y arriverai pas... » > « Je vais lister mes atouts. »

« j'ai le c... entre deux chaises. » > « Je vais affirmer mon opinion. »

« Comment veux-tu que je trouve le temps ? » > « Je vais me lever plus tôt. »

« Je n'ai pas osé. » > « Je vais essayer... »

« Je dois... » > « Je choisis... »

Souviens-toi

Tu as toujours le choix ! Toujours !

Devenir proactif consiste en réalité à opérer un transfert de responsabilités. En acceptant ce transfert de responsabilité, tu cesses de chercher les causes à l'extérieur de toi et tu ramènes la décision à toi.

En d'autres termes, tu arrêtes de chercher des excuses, pour trouver des solutions !

Tu arrêtes ainsi de tenir pour responsables de ta situation les forces externes : les autres, le contexte, la période, la malchance…

Lorsqu'il annonce une prophétie (exemple : « Je ne vais pas y arriver »), le réactif a toutes les chances de la voir se réaliser. Ce qui le confortera donc dans son paradigme (« je le savais que je n'y arriverai pas »). Ce faisant, il se fournit à lui-même les preuves qui valident sa prophétie. En d'autres termes, en formulant cette prophétie avant même d'avoir agi, il s'autoconvainc qu'il avait raison, que c'était écrit…

Souviens-toi

Ne pas commencer est le plus sûr moyen d'échouer.

Le modèle de Brooke Castillo

Il faut donc que tu prennes conscience que tes attitudes et tes comportements découlent de tes propres paradigmes. Un paradigme est une représentation que tu te fais du monde. C'est la manière dont tu vois les choses et la réalité qui t'entoure. Cette façon de les appréhender t'est propre et n'est pas forcément celle de ta voisine ou de ton voisin.

Le modèle de Brooke, comme on l'appelle communément, affirme que la façon dont tu vois les choses fabrique ta réalité.

Je vais te l'expliquer en quelques mots, car il vient éclairer et confirmer ce que j'ai écrit plus haut sur la proactivité et la réactivité : c'est une grille de lecture de la réalité qui, une fois que tu l'as comprise (je te rassure, c'est assez simple), peut t'aider à passer du statut réactif au statut proactif. En d'autres termes, ce modèle peut contribuer à faire évoluer ton état d'esprit pour fabriquer ton propre bonheur, même dans une circonstance qui *a priori* ne s'y prête pas.

Brooke Castillo est une *lifecoach* américaine née en 1986 dont les théories sur le développement personnel font déjà autorité. Elle a créé une école, The Life Coach School, où elle forme des coachs.

Brooke Castillo a observé qu'à partir d'une circonstance extérieure sur laquelle nous n'avons pas de prise à l'instant T, nous créons une pensée. Cette pensée elle-même crée une émotion ou si tu préfères un état d'esprit. Cette émotion (ou cet état d'esprit) va nous pousser à agir. Et de cette action, nous obtiendrons un résultat.
Brooke affirme que ce résultat vient toujours confirmer notre pensée de départ. C'est cela, le modèle de Brooke. Son intérêt est de prouver que, si nous changeons notre pensée de départ, nous avons la capacité de changer le résultat.

Le modèle de Brooke, en cinq lettres :
C (Circonstances) : Les faits ou la situation.
P (Pensée) : La phrase que je me dis dans ma tête au sujet de ces circonstances.
E (Émotion) : Comment je me sens quand je pense ça.
A (Action) : Ce que je fais (ou ce que je ne fais pas) quand je me sens comme ça.
R (Résultat) : Les conséquences dans ma vie de cette action ou inaction.

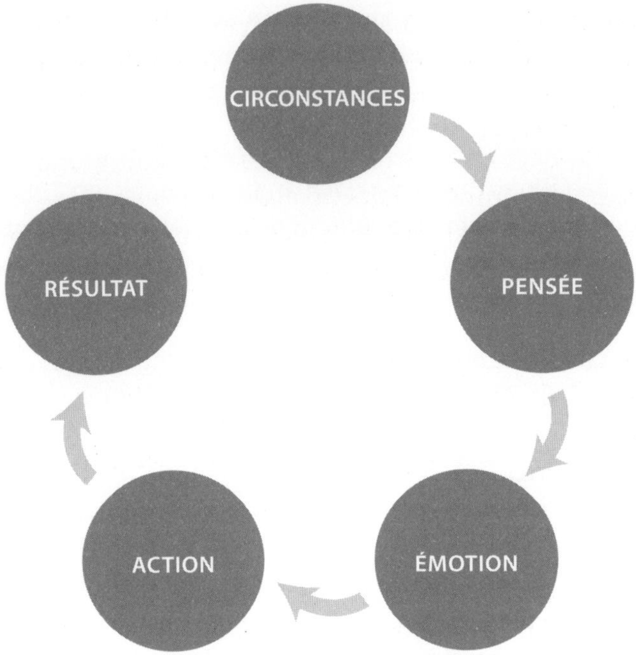

Le modèle de Brooke

Prenons un exemple pour éclairer ce qu'elle veut dire.

Avant tout, une précision : un état de fait objectif est quelque chose qu'on ne peut remettre en question à un instant T. C'est le point de départ.
Exemples : « Il pleut » ou « J'habite dans une ville » ou « Je suis grande ».

Circonstances : Il pleut.
Pensée : Ça va être une mauvaise journée.
Émotion : Ça me déprime.
Action : Pas envie de travailler.

Résultat : Je n'ai pas avancé dans mon travail et je suis en retard, ce qui valide ma pensée de départ « Ça va être une mauvaise journée ».

Comme le démontre Brooke, ce résultat valide ma pensée initiale que la journée allait être mauvaise.
Avec ce premier exemple, on laisse les circonstances avoir une emprise démesurée sur soi. On peut donc en déduire que l'on est dans une forme de réactivité. L'idée, si le résultat ne nous satisfait pas, est de remonter le schéma afin de réussir à identifier la pensée de départ et à la modifier pour faire changer le résultat.
Prenons la même circonstance de départ, mais avec une autre pensée.

Circonstance : Il pleut.
Pensée : Avec cette météo, je vais en profiter pour travailler.
Émotion : Je me sens motivé.
Action : J'avance mon travail.
Résultat : J'ai bouclé mon dossier ou mon projet, ce qui valide ma pensée de départ « Je vais en profiter pour travailler ».

La grille de lecture montre que le problème vient d'une pensée négative suscitée par une situation factuelle : si nous changeons cette pensée en une pensée positive, nous suscitons un cercle vertueux d'émotion, d'action et de résultats.

Souviens-toi

Être réactif, c'est être touché par les circonstances.

Être proactif, c'est les dépasser.

Pour t'épanouir, maîtriser et progresser dans ta zone de confort, tu dois donc apprendre à être plus proactif ! Cela signifie cinq choses :

- ne pas laisser les circonstances contre lesquelles tu ne peux rien avoir de prise sur toi ;
- aborder tes journées avec détermination et bonne humeur ;
- organiser ton temps pour ne pas le perdre ;
- anticiper pour avoir toujours un coup d'avance ;
- apprendre à discerner l'important (« tes gros cailloux » du chapitre 8) de l'urgent !

Si tu deviens proactif en toutes circonstances, tu vas voir peu à peu se dessiner les contours de ton objectif et de ton rêve. Cela va fonctionner comme une apparition, et tu vas commencer à le visualiser. Alors que, curieusement, tu n'es pas du tout sorti de ta zone de confort, mais c'est bien ce que je t'avais promis au début de ce livre, non ?
Avec la visualisation, tu vas commencer à ressentir la magie qui se produit en toi lorsque tu décides de progresser dans sa zone de confort !

Chapitre 17

Pose ton verre !

C'est souvent le petit caillou dans la chaussure qui ralentit et stoppe la progression du marcheur. Un minuscule petit caillou, un gravillon, de deux ou trois millimètres qui peuvent faire vaciller un projet ambitieux si on ne prend pas le temps de l'ôter de notre chaussure. Le petit caillou a un pouvoir aussi très important : il peut modifier notre façon de marcher, provoquer ainsi des déséquilibres dans notre corps qui peuvent arriver sur des douleurs plus ou moins graves ; il peut nous ralentir et il peut perturber notre stratégie.

Pourtant, il est vraiment minuscule, ce gravillon. On le sent quelque part sous la plante de notre pied. Certes, il n'empêche pas d'avancer, mais on le sent.
Pourtant, à chaque pas, il n'y a rien à faire, il nous gêne. On a beau secouer le pied pour tenter de le déplacer à l'intérieur de la chaussure… rien n'y fait, on le sent.

Je suis sûre que, toi aussi, tu as déjà ressenti un gravillon dans ta chaussure.

C'est un peu comme l'histoire de la faille sur la coque d'un navire.

Elle est si petite, cette faille, qu'elle laisse passer juste un minuscule entrefilet d'eau. Est-ce vraiment la peine de s'en préoccuper ? Mais aussi petite qu'elle soit, cette fuite existe et l'eau entre petit à petit dans le navire. Sous la pression extérieure de la mer contre la coque, la faille s'agrandit et l'eau emplit peu à peu le navire.
Il devient urgent de réparer la petite faille, sinon le navire coulera.

Moralité, ne donne pas à une petite faille le pouvoir de te faire échouer ton objectif, règle-la avant d'aller plus loin.
Le gravillon comme la faille dans le navire sont nos petites mauvaises consciences. Ils sont le symptôme d'un problème, d'un tracas, d'une vétille, d'un malentendu que nous refusons de régler. Par conséquent, nous ne sommes pas à notre aise. Nous sommes là, dans notre zone d'inconfort. Ce n'est pas une zone de danger, car tu es dans ta zone de confort, mais un espace de déséquilibre. Attention : ce problème ne va-t-il pas compromettre à un moment ou un autre ton projet ou ton objectif ? Est-ce que tu veux pour toi ?

Le caillou dans la chaussure, les marcheurs connaissent bien ce syndrome, quand quelque chose nous gêne, on modifie quelque peu sa marche pour ne pas appuyer dessus.

On pourrait adapter l'adage « petit poisson deviendra grand » en disant « petit problème non résolu deviendra grand ». Ou encore « petite frustration deviendra grande », si tu ne passes pas à l'action pour te réaliser pleinement.
Inconsciemment ou pas, un problème non résolu ou une frustration provoquent des réactions en cascade : des tensions, un malaise, une insatisfaction, sans parler des retombées physiques et sur ta santé. Cela pèse même légèrement sur ta vie comme une forme de mauvaise conscience.

Parfois même, cela peut t'occasionner des réveils nocturnes, des angoisses alors que tu as l'impression que tout va bien, des crises de spasmophilie... quand tu ne veux pas l'écouter, le corps te parle, que tu le veuilles ou non...

Alors, pour te prouver à quel point les problèmes non résolus et les petites frustrations peuvent finir par devenir pesantes, voici l'histoire du verre d'eau.

Le poids du verre d'eau

Une professeure en psychologie dispensait un cours sur la gestion du stress devant un amphithéâtre d'étudiants comble.
Sur l'estrade, elle déambulait tranquillement, tout en délivrant son enseignement avec calme et pédagogie, s'assurant à intervalles réguliers de l'attention de ses étudiants.
Tout en déroulant la trame de son cours, elle proposa une expérience.
« Voulez-vous faire le test du verre d'eau ? » demanda-t-elle.
L'assemblée acquiesça.
Elle se dirigea alors vers son bureau, saisit le verre qui s'y trouvait, le remplit d'eau et le souleva.
Elle se retourna et, toujours sur l'estrade, s'avança vers son auditoire, avec son verre d'eau à la main.
Quand elle fut au bord de la tribune, elle resta ainsi quelques secondes silencieuse et souriante avec le verre d'eau dans la main. Les étudiants pensaient qu'elle allait évoquer la question du verre à moitié vide ou à moitié plein. Et utiliser cette métaphore pour faire un lien avec le stress...
Rien de bien nouveau, finalement...
Au lieu de cela, avec un sourire sur son visage, elle demanda :
« Combien pèse ce verre d'eau ? »

Aussitôt les réponses fusèrent.
« cent grammes ! » lançaient certains
« trois cents grammes ! » estimaient d'autres.
« Deux cent cinquante… » Chacun allait de son pronostic.
Elle les laissa quelques minutes se perdre en conjectures, puis elle reprit la parole.
« Le poids absolu du verre d'eau n'a en réalité pas tant d'importance. Cela va surtout dépendre de combien de temps je le tiens. »
Un silence intrigué accueillit ses propos. Elle enchaîna.
« Si je le tiens pendant une minute, son poids n'est pas un problème.
Si je le tiens pendant une heure, je finirai par ressentir une douleur dans le bras.
En revanche, si je le tiens pendant une journée entière, mon bras sera engourdi et paralysé. Il me fera souffrir. Dans chacun des cas, le poids du verre ne change pas. Mais plus je le tiens longtemps, plus il devient lourd. »
L'assemblée commençait à percevoir le sens du message. Alors, la professeure poursuivit.
« Le stress, les tracas, les inquiétudes, les petits problèmes non résolus dans la vie… sont comme ce verre d'eau. Pendant un moment, rien ne se passe. Ils sont plutôt légers et indolores. Mais si vous les gardez sans les traiter, ils pèseront chaque jour davantage sur vos vies, dans votre esprit. Au fil du temps, leur importance aura pris du poids. Ils vont vous sembler plus lourds, plus insurmontables, alors que ce sont les mêmes qu'au départ. Ils vont finir par vous peser, vous obséder, peut-être vont-ils bloquer votre action, vos projets… vous paralyser, vous faire du mal… En fin de compte, ils altéreront votre comportement. Et ce faisant, vous leur donnez même le pouvoir de compromettre vos projets et votre succès…

Alors, pensez à poser vos verres. »
Les applaudissements de l'assemblée saluèrent sa conclusion pleine de bon sens.

Maintenant que tu as compris avec ce livre qu'il était possible de t'accomplir sans sortir de ta zone de confort, sans te mettre en danger et sans prendre de risques inutiles, qu'attends-tu pour poser ton verre et pour te mettre en marche ?

À présent, tu sais que ton objectif est à ta portée ! Que réaliser tes rêves est possible ! Ce livre simple, concret, efficace et révolutionnaire dans son approche te l'a prouvé !
Alors, pour toi qui rêves d'atteindre ton objectif et de réaliser tes rêves, que signifie « poser ton verre » ? Note-le dans l'espace ci-dessous et lance-toi !

Cet exercice est salutaire, car il va en quelque sorte « nettoyer ton esprit », un petit peu comme tu libères de l'espace sur le disque dur de ton ordinateur en enlevant les fichiers inutiles et accumulés depuis trop longtemps, et les remplacer par les actions qui vont te permettre de devenir ce que tu veux devenir.

À toi !

Et tu listais ici les verres d'eau que tu dois poser avant d'aller plus loin ?

Souviens-toi

Tu sais qui tu es, mais ce livre a été écrit pour te faire prendre conscience de qui tu pourrais devenir !

À toi de jouer maintenant !

Conclusion

Partage tes découvertes

La conclusion de ce livre – qui est le premier à remettre en cause la théorie selon laquelle il faudrait sortir de sa zone de confort pour progresser pour atteindre ses objectifs et l'excellence – est que tu dois désormais absolument apprendre à changer de verbatim !

Ne dis plus à quelqu'un que tu souhaites voir progresser ou que tu souhaites encourager, « sors de ta zone de confort », car cette injonction a un effet paralysant et culpabilisant. Propose-lui dorénavant d'« élargir sa zone de confort ». Tu verras son intérêt immédiat pour cette phrase et tu verras l'effet motivant qu'elle opère immédiatement.

En effet, en incitant une personne à élargir sa zone de confort au lieu d'en sortir, tu l'aides à prendre conscience des atouts qu'elle pourrait développer pour progresser. C'est très différent que de l'inciter à se projeter dans une zone de danger hors de sa zone de confort. La proposition d'élargir sa zone de confort incite à chercher les ressources en soi pour se développer. C'est très réconfortant et rappelle que nous avons tous les potentiels en nous-même pour atteindre nos objectifs.

J'interviens depuis plusieurs années régulièrement dans des écoles d'enseignement supérieur. Par le biais de *workshops*, je propose des coachings, du développement personnel, de la prise de conscience de potentiel en cassant les croyances limitantes et en enseignant comment améliorer ses performances. Mes étudiants sont très réceptifs à tout ce qui permet de leur faire prendre conscience de leur potentiel.
Je leur dis souvent qu'ils sont à l'âge « de tous les possibles ». Ils ne doivent rien s'interdire et surtout pas s'interdire de rêver et même de rêver grand. Qu'est-ce qu'une jeunesse sans rêve ? Il n'y a rien de plus désolant que de ne pas prendre conscience de ses potentiels, de se laisser enfermer dans ses croyances limitantes et d'avoir plus tard des regrets. Chaque fois que je prononce ces mots, je suis certaine de capter leur attention parce que ce langage leur parle et résonne en eux. Je perçois aux signes non verbaux et paraverbaux qu'ils envoient que ce discours leur parle et entre en connexion avec eux. Je leur explique que le coaching est un puissant outil de prise de conscience de progression personnelle, qui peut les mener de leur état présent vers leur état désiré. Que c'est maintenant à leur âge que les choses se jouent. À la fin de mes interventions, beaucoup viennent me voir pour me demander comment trouver un coach pour atteindre leurs objectifs.

Je dois d'ailleurs rendre à César ce qui est à César : c'est à eux, à cette nouvelle génération, que je dois d'avoir pris conscience de l'obsolescence de ce concept de sortie de sa zone. Les jeunes adultes n'adhèrent pas à cette vieille théorie. Je l'ai vérifié des dizaines, voire des centaines de fois, lors de *workshops* collectifs ou lors de coachings individuels. Ils ne voient pas l'utilité de

se mettre en danger pour progresser. Pour eux, cela n'a pas de sens. Cela ne fait pas d'eux des paresseux ou ni une génération peu motivée, comme on a souvent tendance à le dire pour les caricaturer. C'est au contraire une génération mature qui a à cœur d'équilibrer sa vie professionnelle avec sa vie personnelle. Ils ne veulent pas mettre tous leurs œufs dans le même panier. Ont-ils tort ? Personnellement, je ne le pense pas.
Faisons-leur confiance, car c'est sur eux que repose l'avenir du monde dorénavant.
Cessons de les culpabiliser en voulant qu'ils s'adaptent à l'ancien modèle. Sommes-nous réellement fiers de ce que nous avons fait de la planète pour vouloir continuer de la même façon ? Sommes-nous satisfaits du monde que nous leur laissons et dont ils vont devoir prendre les rênes ? Si nous n'avions pas poussé depuis des décennies la planète hors de sa zone de confort, sans doute serait-elle en meilleur état.
Alors, passons-leur les clés en leur offrant le maximum de confiance en eux. Ils aspirent à une vie riche dans tous les sens du terme, ils ont beaucoup d'envies et ont conscience qu'ils peuvent également vivre plusieurs vies dans une seule. Ils ne misent pas tout sur la réussite professionnelle et ils veulent un équilibre.
Ils envisagent leur avenir de façon extrêmement différente que nous au même âge. Il appartient à chaque génération de créer le monde dans lequel elle veut vivre.

Pour conclure, je rappelle la définition que les neurosciences donnent de la zone de confort : « La zone de confort est cet état psychologique dans lequel on est à l'aise. Elle regroupe l'ensemble des habitudes, croyances, connaissances et savoir-faire préalablement acquis qu'elle permet de consolider, et développe ainsi la confiance en soi. »

C'est donc en renforçant nos acquis et nos compétences que nous développons le spectre de ses possibilités.
Ce livre te l'a démontré : ne sors pas de ta zone de confort, mais repousses-en les limites pour atteindre tes objectifs. Déploie-toi et « déplie-toi » dans ta zone de confort.

Souviens-toi

Il n'y a rien d'impossible pour qui le décide.

Maintenant que tu es arrivé au terme de ce livre, je t'invite à partager son message : quand tu entends quelqu'un dire : « Sors de ta zone de confort » ou « Je dois sortir de ma zone de confort », fais-lui le cadeau de rectifier lui disant : « Non, élargis ta zone de confort. »

Tu portes en toi, nous portons tous en nous, toutes les capacités de réussir.

En restant dans ta zone de confort, tu te places dans une quête d'amélioration et de renouvellement perpétuel. En résumé, tu te places en situation d'atteindre l'excellence à laquelle tu aspires. Sois suffisamment discipliné pour te consacrer à ton objectif quitte à apparaître anticonformiste. Fais-en ta priorité. Et surtout et enfin, partage tes découvertes, partage les secrets de ce livre, ce que tu en as compris, partage tes prises de conscience. Efforce-toi de nourrir les autres comme ce livre t'a nourri.

Souviens-toi aussi qu'il n'y a aucune fatalité, aucun destin préécrit et que tu as toujours le choix. Toi seul peux ouvrir la porte intérieure de ton changement. Nous portons tous en nous une part de génie ! Et il ne tient qu'à nous de la faire émerger.

C'est le message principal de ce livre.

Rappelle-toi aussi que le succès repose sur cinq grands piliers :

- l'action ;
- la détermination ;
- la constance ;
- la patience ;
- et l'optimisme !

Ce livre est mon vingt et unième livre. Comme les autres, je l'ai écrit sans sortir de ma zone de confort, mais en appliquant toutes les stratégies que je décris dans cet ouvrage parce que je sais qu'elles sont redoutablement efficaces.
Et surtout parce que je sais qu'elles fonctionnent : j'en suis la preuve !

Alors, mets-toi au travail, toi aussi, partage tes découvertes !

Souviens-toi une dernière fois

Tu sais qui tu es, mais tu n'as pas conscience de la personne extraordinaire que tu pourrais devenir !